阅读成就思想……

Read to Achieve

# 脱"瘾"而出
## 如何让孩子放下手机

高秋凤 ◎ 著

中国人民大学出版社
·北京·

图书在版编目（CIP）数据

脱"瘾"而出：如何让孩子放下手机 / 高秋凤著. -- 北京：中国人民大学出版社，2023.9
ISBN 978-7-300-32134-9

Ⅰ．①脱… Ⅱ．①高… Ⅲ．①移动电话机－影响－青少年教育－家庭教育 Ⅳ．①G782

中国国家版本馆CIP数据核字(2023)第166000号

**脱"瘾"而出：如何让孩子放下手机**
高秋凤　著
TUO "YIN" ERCHU：RUHE RANG HAIZI FANGXIA SHOUJI

| 出版发行 | 中国人民大学出版社 | | |
|---|---|---|---|
| 社　　址 | 北京中关村大街31号 | 邮政编码 | 100080 |
| 电　　话 | 010-62511242（总编室） | 010-62511770（质管部） | |
| | 010-82501766（邮购部） | 010-62514148（门市部） | |
| | 010-62515195（发行公司） | 010-62515275（盗版举报） | |
| 网　　址 | http://www.crup.com.cn | | |
| 经　　销 | 新华书店 | | |
| 印　　刷 | 天津中印联印务有限公司 | | |
| 开　　本 | 890 mm×1240 mm　1/32 | 版　次 | 2023年9月第1版 |
| 印　　张 | 9.25　插页1 | 印　次 | 2023年11月第2次印刷 |
| 字　　数 | 160 000 | 定　价 | 69.00元 |

版权所有　　侵权必究　　印装差错　　负责调换

# 前 言
## "心中住进爱的人"是最好的预防

作为一名在高校从事青少年心理问题研究的学者、心理咨询师，真正开始与青少年手机使用成瘾问题结缘，是我在开展青少年发展性问题（抑郁、焦虑、多动、学习困难、厌学、过度用网、自残、自杀倾向）研究之初。随着相关工作的不断深入，我发现存在手机依赖或上瘾倾向问题的个案越来越多。

我深刻地懂得，青少年过度沉迷于手机，会让其自身乃至整个家庭陷入怎样的困境。同时，因疫情将近三年的居家学习，又使得这一问题加重，越来越多的青少年出现心理问题，退学在家的青少年的比例大幅度增加。在目前的社会发展背景下，那些因为各种原因暂时不能把心思和精力放在正常发展和成长中的青少年，最有可能将他们每天大量的时间花在玩智能手机上。反过来说，这种沉迷于手机的行为并不能真正帮助他们解决现实的发展受阻问题，只会让情况越来越糟糕。当他们暂时找不到解决问题的出口时，这最起码是让他们暂时感觉好一些的不得已的选择，此时手机成了他们生命中重要的依恋性替代客体，是他们的求救方式而已，这也是在当下青少年手机使用及上瘾问题越来越凸显的一个重要原因。

在帮助诸多因存在过度使用手机和相关心理问题的青少年及其家庭的过程当中，我发现很多家长对孩子使用手机存在偏见，就如何管教孩子存在误区：对孩子正常用网行为过度焦虑，同时，不能透过表象看实象。他们对孩子问题的真正"病根"认识不足，抓不住隐藏在"表象"下面的问题的"实质"，仅从外在行为层面做工作（比如，觉得孩子手机用得多，就简单粗暴地没收手机或直接断网），这不仅没有真正解决问题，反而越管越糟糕、越管问题越严重，甚至会发生家长无法承受的悲剧。

在开展手机成瘾的研究及心理咨询实践工作的过程中，我接触到了这个领域的先行者们很多非常有价值的研究成果和治疗经验，这些成果和经验对我的研究工作和心理咨询实践工作帮助极大。手机成瘾问题是个复杂的、综合性的问题，对于手机成瘾的成因的解释也有多种。但在本书中，我将重点着眼于失偿说以及自我决定理论。我认为，所谓的手机过度使用问题，多数是因为青少年的基本心理需求在现实生活中没有得到满足，而使他们逃避到网络中寻求暂时的补偿而已。

这也是我在接触了上百名存在网络使用问题的青少年及其家庭之后的深刻感悟。我发现，手机的使用问题与其他发展性心理问题往往存在共病现象。在我看来，青少年的手机沉迷或过度使用行为

前　言　"心中住进爱的人"是最好的预防

大多数是其成长过程中各种发展性心理问题的一种呈现形式而已。自我决定理论认为，人的一生有三大基本心理需求——胜任需求、归属需求与自主需求，这三种需求是否都得到了满足与人的精神健康和幸福感存在紧密关联。其中，归属需求未能得到满足而产生的孤独感体验，是导致青少年过度用网的最主要的原因之一。例如，过度使用手机的孩子大都有着对父母异常抵触、现实中无法融入同伴及班集体、与任课老师之间发生冲突等关系层面的问题。另外，无法胜任自己的学业任务、无法克服在学习中遇到的困难也是一个重要因素。青少年在学习中遇到的困难越多，尤其是在多次尝试克服困难和解决问题却都最终失败之后，学习带给他们的体验就越痛苦，故而引发他们对学习的排斥心理，本能地想逃避；而通过手机打游戏、看短视频很容易就能获得轻松愉悦的体验，这就使得其越容易沉迷在手机使用之中。手机成瘾有时也可看作对重要他人不满的一种攻击和反抗。这时看似是孩子的问题，实则却是整个家庭系统出了问题，或系统中的重要组成部分（父亲或母亲，或父亲与母亲的关系）出了问题。只有了解了沉迷手机背后的真相，从根部解决问题，换个恰当的方式帮助青少年在现实层面满足其基本需求，促进其顺利发展，才有可能引领孩子摆脱过度使用手机的行为。

我认为，"心中住进爱的人"是对青少年手机上瘾行为最好的预防与干预方法。对沉迷于手机日趋严重的青少年，家长或老师只有慢慢学会放下"评判"和"应该"，接纳现状，感同身受地去了解沉迷的背后，到底他们真正的心理渴求以及发展受阻的因素是什么，多提供情感关爱，重新搭建被破坏的信任关系，慢慢地，他们才会敞开心扉，愿意家长或老师"住进来"，陪伴着他们，引领着他们；他们才能拥有内在的力量，一步步地迈向人生发展的正轨。这才是真正从根部解决青少年手机沉迷问题的关键。我之所以把这个过程称为"心中住进爱的人"，而不是"爱是最好的预防"，是因为没有父母不爱自己的孩子，而且天下的老师们也都盼着学生们能有好的未来，他们并不缺少对孩子的"爱"，我在这里更强调是一种可以走进孩子内心、懂孩子、给孩子内在的情感支持力量、能够潜移默化地给孩子带来积极和长远影响的爱，这种爱才真正会对青少年的发展起到有效而长远，甚至一辈子的影响，这样的爱甚至可以影响几代人。

我最想向大家传递的一个理念是：预防永远大于干预。因为一旦孩子手机成瘾了，接下来就会面临正常生活和社会功能受损（如生活没规律、黑白颠倒、上课精力不足、成绩下滑、产生厌学情绪、易激惹、容易与父母及老师起冲突）等问题，慢慢走到退学的边缘，并有可能逐渐出现抑郁、躁狂等精神疾病，甚至产生自杀念头、出现自杀行为。孩子一旦到了这么严重的程度，就需要借助药物与心理辅导以及家庭治疗协同矫治，要花费大量的人力、物力甚至需要一个较长的疗程才能逐渐恢复。因此，家庭、学校以及社会应联合起来，提前做好预防工作。同时，重点关注处在正常使用和成瘾使用之间灰色地带的过度使用手机的青少年群体，使其将更多的时间和精力用在提升能满足基本心理需求的

前　言　"心中住进爱的人"是最好的预防

能力上。

在帮助诸多存在手机过度使用的青少年走出沉迷行为的过程中，我得益于科学研究及临床实践的双重结合。一方面，我主持了青少年手机依赖方面的国家社科基金课题，用定量和定性测量以及脑科学的方法，深入、系统地开展了一系列有关青少年手机依赖对其学业、认知加工、社会性发展的影响、形成机制以及管理干预等对策研究，用科研成果指导临床实践；另一方面，我坚持从事心理咨询实践，深入到存在手机使用问题的青少年及家庭中，用实践经验理解和反思科学研究发现的成果。与此同时，我总结出了一些经过临床实践验证的有效预防和干预青少年过度使用手机行为的理念及方法，并把它们运用到线上及线下形式的"健康使用手机，预防成瘾"等主题教育培训及宣传活动中。

少年强，则国强。青少年是国家的未来、民族的未来，作为一名青少年领域的科研和实践工作者，我有责任及义务把这些年的科研成果及临床工作实践经验做个系统的梳理和总结，并分享给众多关心青少年身心健康发展的父母、老师以及相关的青少年工作者们，为大家提供一些思考问题和解决问题的视角。同时，也请大家关注我的微信公众号——高秋凤心理工作室，关注有关青少年及成人心灵成长的更多精彩分享，与大家共同打造美好生活。

本书得到了好友阚成成先生、中国人民大学出版社张亚捷编辑长期支持和大力协助，同时我的研究生朱紫为、郑海燕、卢思含、高越、张雨倩、李菀莹、冯钰舒在图片制作、资料查阅及书稿校对等方面提供了协助及支持。因此，在本书出版之际，我向他们表示最衷心的感谢。我在写作的过程中也得到了家人的支持和鼓励，在此一并对他们表达由衷的谢意。

**高秋凤心理工作室**

目 录

**第1章 青少年对手机欲罢不能的神经生理机制 // 1**

青少年是手机上瘾的高风险人群…………………………3
心理性上瘾行为实验的启示………………………………5
忍不住不是孩子们的错……………………………………8
手机在身边就已经影响了注意力…………………………19
理解因手机产生的分心现象………………………………20
手机使用引发的亲子冲突…………………………………23
提升自我控制能力的前额叶功能训练……………………28

**第2章 我的孩子上瘾了吗 // 33**

什么是手机上瘾……………………………………………35
手机上瘾评估的常见误区…………………………………38
手机上瘾的6S简易评估法…………………………………40
手机上瘾评估的注意事项…………………………………50

## 第3章　三大基本心理需求的缺失导致手机上瘾 // 51

通过现象看实象 …………………………………………… 53
冰山之下的三大基本心理需求 ……………………………… 54
青少年手机上瘾的形成路径 ………………………………… 61
预防及干预手机上瘾的青少年积极发展模型 ……………… 68

## 第4章　归属感培养 // 73

从进化心理学的视角看群体归属的重要性 ………………… 75
归属感是安心学习的基础 …………………………………… 77
平衡两种本能驱力 …………………………………………… 81
增强自我分化程度 …………………………………………… 84
父母要学会成为孩子的情感"容器" ………………………… 89

## 第5章　自主感培养 // 97

建构了自我同一性，动力自然就来了 ……………………… 99
自主感培养的关键 …………………………………………… 104
让青少年学会延迟满足 ……………………………………… 114
帮助青少年学会自主管理的三个法则 ……………………… 121

## 第6章 胜任感培养 // 129

学习动力的激活ᆢᆢᆢᆢᆢᆢᆢᆢᆢᆢᆢᆢᆢᆢᆢᆢᆢᆢᆢ131

学习信念的搭建：学习意义的形式训练说ᆢᆢᆢᆢᆢᆢ134

学习毅力的培养：注意力抗干扰训练ᆢᆢᆢᆢᆢᆢᆢᆢ136

螺旋式成长曲线的魔力ᆢᆢᆢᆢᆢᆢᆢᆢᆢᆢᆢᆢᆢᆢ139

高光时刻的回应技术ᆢᆢᆢᆢᆢᆢᆢᆢᆢᆢᆢᆢᆢᆢᆢ142

昏暗时刻的回应技术ᆢᆢᆢᆢᆢᆢᆢᆢᆢᆢᆢᆢᆢᆢᆢ144

学习与"我不能、我不行、我不好"相处ᆢᆢᆢᆢᆢ151

用上瘾钩子提高学习胜任力ᆢᆢᆢᆢᆢᆢᆢᆢᆢᆢᆢ156

## 第7章 情绪调节 // 163

了解情绪的由来和作用ᆢᆢᆢᆢᆢᆢᆢᆢᆢᆢᆢᆢᆢᆢ166

接受符合情境一致性的情绪反应ᆢᆢᆢᆢᆢᆢᆢᆢᆢ171

情感区分能力：允许他人有情绪ᆢᆢᆢᆢᆢᆢᆢᆢᆢ174

不要违背守恒法则ᆢᆢᆢᆢᆢᆢᆢᆢᆢᆢᆢᆢᆢᆢᆢᆢ175

改变对负性情绪的态度ᆢᆢᆢᆢᆢᆢᆢᆢᆢᆢᆢᆢᆢᆢ178

情绪抚慰的两种途径ᆢᆢᆢᆢᆢᆢᆢᆢᆢᆢᆢᆢᆢᆢᆢ179

## 第8章　增强核心自我功能 // 183

核心自我的功能及其关键影响因子……………………185
心理营养与科胡特的三种关系体验需要……………………187
精气神的提升：增强核心自我功能的关键……………………196

## 第9章　身心语言程序：有针对性的解决方案 // 201

身心语言程序的作用……………………204
归属感培养：自我分化能力提升示例……………………208
自主感培养：从根源处解决问题示例……………………210
胜任感培养：减少分心行为示例……………………213
核心自我功能培养：6S简易评估法示例……………………216

## 第10章　手机健康、积极使用的路径 // 223

什么时候给孩子配手机合适……………………226
什么时候立规矩最有效……………………227
设定健康使用时间……………………229
善用多元化策略：用对了，本身就能预防上瘾行为……………………234
学习专区和休闲专区分开……………………237
构建远离诱惑的环境：怎么用才不影响学习……………………238

上网量要搭配对应量的运动……………………………240

睡觉前半小时不用手机……………………………………242

手机使用遵循普雷马克原理………………………………242

善用技术管好孩子用网……………………………………244

制订3+3用机协议…………………………………………246

## 第11章 如何面对手机过度使用 // 249

从容面对：心态调整三部曲………………………………251

家长管孩子时感到失望或绝望该怎么办…………………254

先给孩子把把脉……………………………………………258

调整好关系：住进孩子的心里……………………………262

活出美好自我：成为青少年的抱持性客体………………269

妈妈神光照护：孩子走出困境的关键……………………270

用科研的思维让家长成为解决成瘾问题的专家…………274

## 后 记 从知道到做到：贵在践行 // 277

# 第1章

## 青少年对手机欲罢不能的神经生理机制

# 第1章 青少年对手机欲罢不能的神经生理机制

在一次亲子课堂上，我问孩子们："爸爸妈妈最爱玩的是什么？"几乎所有的孩子异口同声地回答："手机！"再问："你们最喜欢玩的是什么？"同样的答案："手机！"

由此可见，手机已经成为我们生命中不可分割的一部分，越来越多的人用"身上长出一个新器官"来形容手机对人们的意义。然而，手机等智能电子产品给我们的生活带来极大便利的同时，也让我们经常迷失其中、欲罢不能，严重的甚至会产生手机依赖或手机上瘾行为。

## 青少年是手机上瘾的高风险人群

手机对身心还处在重要发展阶段的青少年群体影响最大，而青春期则是这一群体上瘾行为的高发期。越来越多的证据表明，荧屏可能对青少年产生重大、负面的临床和神经方面的影响。脑成像显示，发光的屏幕（如手机屏幕、iPad屏幕）对于大脑快感中心的刺激就像吸毒一样，能够提高多巴胺（感觉良好的主要神经递质）的水平。大脑产生的这种快感正是成年人对屏幕上瘾的原因所在。成人都很难抵制住屏幕的诱惑，对于大脑正处于发育阶段，尤其是掌管抑制功能的前额叶大脑皮层尚未发育成熟的青少年来说，他们更不具备处理这种"刺激水平"的能力。如果家长和学校管控不当，那么青少年极易出现手机使用的上瘾行为。

上瘾行为是指人无法抵挡的一种行为，这种行为短期内可暂时满足心理的某些需求，但长此以往会给行为人造成伤害，影响其学习、工作、现实世界的活动以及基本的生活功能（如吃饭、睡眠、洗澡、收拾房间）和社会功能（如人与人之间的交流与互动），严重的还会导致精神健康问题的出现。

研究发现，有10%~30%的青少年存在手机过度使用现象，成瘾的比例也高达5%左右。在这个大变革时代，越来越多的青少年因为各种各样的发展受阻问题不能得到及时解决，采用过度上网的方式来逃避痛苦。他们过度上网，失去控制，过多沉浸在网络虚拟空间和世界里，脱离了现实，使得现实的生活和社会功能严重受损，昼夜颠倒、饮食不规律、精神状态差。因为晚上睡得晚，白天起不来，慢慢地，他们对学业也逐渐失去兴趣，上课度日如年，容易犯困，逐渐产生厌学情绪甚至无法正常上学。有的孩子退学在家，终日把自己关在房间里与手机相伴。青少年一旦滑入手机成瘾的深渊，毁掉的往往不只是孩子自己，整个家庭都将陷入危机。此外，一旦手机上瘾，治疗过程将花费较长的时间以及大量的人力、财力。有位家长在我的"手机成瘾的预防与干预"网络课程的留言区留下了下面的一段话，可以真实地反映青少年成瘾对其个人以及家庭带来的影响。

我儿子上初三，面临中考，到了5月却不去上学了，每天在家玩手机、打游戏、看视频、看网络小说……他和您课上说的一模一样：作息混乱，蓬头垢面，脾气暴躁，拒绝沟通，心里眼里只有手机，每天连饭都懒得吃了。我们崩溃到已经麻木，每天还得上班。看着逐渐消瘦、弯腰驼背、手机几乎要挨住眼睛的儿子，我心痛、无奈、无助。我不知道这样的状态要持续到什么时候，这种内心的煎熬我们快受不了了。一想到孩子我就以泪洗面，希望专家们教教我该怎么办？

那么，有没有更好的办法来解决这一问题呢？作为家长和老师，我们到底应该采取哪些有效的做法来预防孩子手机沉迷、网络成瘾呢？以及如何有效帮助孩子走出沉迷，使得孩子爱上学习及成长，回归到正常的生命轨道当中呢？

首先，我们需要了解手机上瘾的神经生理机制是什么，详细了解我们为什么会沉迷其中、对其欲罢不能，以及过度使用手机后对大脑造成的危害，这样我们才能懂得如何从神经生理机制的源头着手，对我们自己的手机使用以及青少年的手机使用进行管理，预防沉迷，让手机真正帮助我们更好地生活及发展。

## 心理性上瘾行为实验的启示

手机上瘾行为可以被理解为一种伴随着多巴胺喷涌的心理性上

瘾行为。下面的这个小老鼠按压杠杆实验可以更为形象地帮助你理解这一说法。

1954年，美国心理学家詹姆斯·奥尔兹（James Olds）用自我刺激法证明了在边缘系统中存在一个快乐神经中枢。

奥尔兹将电极一端埋入一只老鼠的下丘脑背部，另一端与电源开关的杠杆相连。小老鼠只要按压杠杆，电源就会接通，产生电流。它在笼子里上蹿下跳时，偶然发现按压杠杆就会获得电流对脑刺激所引发的快乐和满足，因此就学会了不断按压杠杆，频次甚至可达每小时5000次，直到筋疲力尽、昏昏欲睡为止（如图1-1所示）。

图1-1 老鼠脑部自我刺激

同样，手机上瘾行为可以类比为上述小老鼠按压杠杆行为，杠杆就是手机。无论是成年人还是青少年，当他们在用手机玩游戏、追剧、看网络小说等这些令其很轻松就能获得快乐时，就会像小老鼠按压杠杆一样，在边缘系统"快乐中枢"中短时间内分泌大量的快乐因子，多巴胺水平快速上升造成多巴胺喷涌现象，令其在短时间内高度兴奋，但是停止之后的颓废感却比以前更加严重。

其实一旦对某一样物质或行为上瘾，就会出现天堂和地狱交替出现的感觉。使用时，高度兴奋；不使用时，极其痛苦，异常渴求，而且需求量会越来越大。此时，大脑和周围的神经网络就形成了一个神经回路，一旦这种刺激对中枢神经系统的激活达到一定量时，就会使大脑陷入一种强迫状态，产生依赖和成瘾。

大脑机制已经发育成熟的成人尚且如此，那么掌管抑制功能的大脑前额叶尚未发育成熟的青少年会更甚之。

但是家长和老师们不用担心，这本书会带领你找到让你的孩子或学生从这一恶性循环中逃脱出来的科学路径，以及避免让孩子们落入这一恶性循环漩涡的科学路径，你只要遵循"上士闻道、勤而行之"，不断照做、不断践行就行了。

但在我给你介绍这些科学路径之前，你需要先懂得青少年大脑发育及运转的科学规律与手机使用之间的关系。首先要做到发自内心地接受孩子一用手机就停不下来的客观现实，因为这是符合大脑运转规律的。

具体来说，要预防青少年手机沉迷，首先要了解他们前额叶发展的特殊性，要懂得"忍不住不是他们的错"，只有你能接受这个科学事实，接下来的管理招数才能发挥作用。

## 忍不住不是孩子们的错

我常常听到前来咨询和上心理课的家长们有如下的抱怨。

- "跟他说了只能玩 20 分钟，这不，一个小时过去了还收不了手。"
- "他只要拿到手机就像丢了魂一样，说话听不到，还很容易发脾气，要想把手机要回来就要经历一场家庭大战。"

要化解上述的矛盾，很重要的就是要认识到忍不住不是孩子的错。除了前面我们介绍的手机本身因充满了各种诱人的钩子让我们欲罢不能之外，还与青少年这一特殊时期大脑前额叶发展的规律和特点有着密切的关系：忍不住是这个年龄阶段的普遍特点。只有了解了这一深层机理，家长在管孩子的时候才能降低情绪化无效管教行为的频率，亲子冲突才能减少，家长才能把自己从"对孩子的控制"变成"智慧引领"，最终达成让孩子自己管自己的这一目标。

### 大脑前额叶有哪些神奇的功能

包裹在大脑外围的皮层占脑重的 85%，有着极其丰富的神经元和突触，是我们人类特有的智力基础。大脑皮质通常被划分为四个区域，分别为额叶、顶叶、颞叶、枕叶，它们各自具有其特殊机能，协同指挥着人类的知情意行。

在进化的过程中，前额叶皮层这一更高级大脑区域的出现，是人类能够成为"智人"的关键。与其他动物相比，我们人类之所以倾向于表现出更高的自控力和判断能力，是源于我们发展出了"神奇的"前额叶皮层。前额叶皮层位于我们大脑的最前端，是人类最复杂的心理活动的生理基础，负责计划、调节和控制我们的心理活动，对我们的高级的目的性行为起着重要作用，它就是我们每个人的CEO，能不能管得住自己关键看这里发育得是否成熟和发达。

前额叶皮质区主要有以下两个功能。

1. 负责认知加工（知）：是注意、记忆、思考、创造与问题解决的神经中枢，关乎我们的学习、工作、日常各类问题解决行为的掌控。

2. 负责意志调控（意）：能够结合我们已习得的相关知识和经验，对外界发生的事所引发的本能行为冲动进行重新解释和判断，把本能情绪反应转化为更为理性、具有适应性的情绪反应，把冲动性行为转变为更具适应性、更恰当的行为。心理学上把这一过程称为"认知重评－情绪行为调控"。它的好处包括以下两点。

（1）调控注意力：慢下来，启用"觉察"开关把分散的注意力拉回到当下，一心一意做当下的事。

（2）抑制冲动行为：慢下来，启用"觉察"开关，"悟"到冲动背后的内部语言指令（又称为限制性思考方式），进行内部语言调控，转变思考方式，从而抑制冲动情绪及相应行为。这样就可以避免冲动及"短视"行为，进行恰当决策。

如图 1-2 所示，我们通常所说的智商和情商高不高，其实都与前额叶皮层发不发达有关，因为它掌管着我们的认知加工（知）和意志调控（意）。

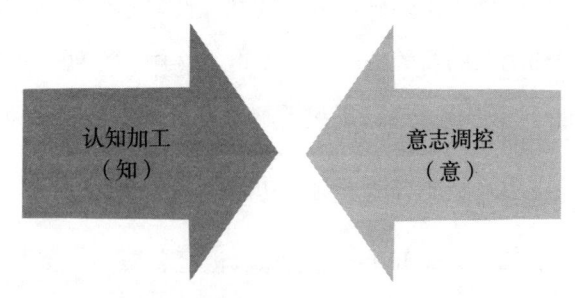

图 1-2 前额叶皮层的两大核心功能

## 管不住自己的原因

管不住自己主要有两个方面的原因。

一方面，青少年的大脑在发育的过程中，前额叶存在发展的滞后性。大脑皮层各区域的发育是有一定顺序的，这一顺序与个体外在的各种能力的发展顺序相对应。例如，从出生到小学阶段是视觉、听觉和动作技能迅速发展的时期，因此这一时期最重要的是发展掌管听觉功能的颞叶、视觉功能的枕叶，以及体觉功能的顶叶；

婴儿后期到学前期是语言能力迅速发展的时期，因此，掌管语言功能的后额叶才逐渐得到发展。

到了小学一年级时，儿童的脑重大概是成人脑重的90%，此时，其他掌管感知觉、体觉的脑区均已基本发育成熟，而前额叶神经突触的形成和削减却需要持续很多年，从两岁开始发育，直到青少年中晚期，也就是上高中或大学时才会逐渐发育成熟，关键发展期是6~22岁（如图1-3所示）。

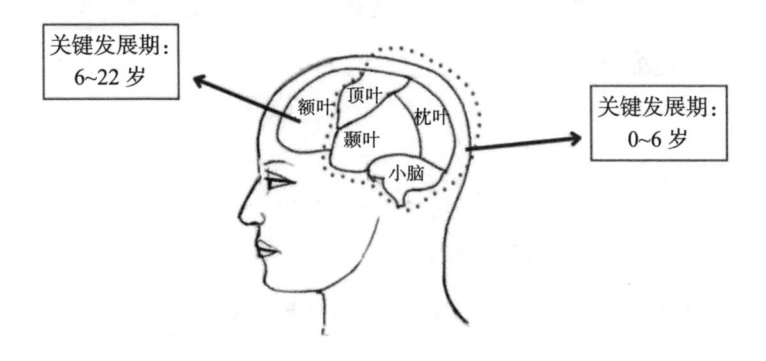

**图1-3　不同脑区的发展关键期**

前额叶区域与意识、冲动控制、信息整合以及行为的计划调控有关，而青少年时期前额叶区域又处在快速发展却并未成熟的时期，鉴于此，面对着成人经常都欲罢不能的手机，青少年管不住自己使用手机再正常不过了，这并不是他们的错。

有时，你会发现小学生经常说话不算数。很多时候，也并不是这个孩子故意说谎，而是因为其前额叶还未发育成熟，虽然他在意识上想要管住自己，或者按照对家长和老师的承诺改正错误，在计划好的时间内去做功课，但他控制不了自己想玩的本能冲动，才导致了这一结果。

> **专栏1-1**
>
> ## 青少年控制不住玩手机不是他们的错
>
> 家长和老师在了解了人体前额叶发展的滞后性，明白了很多时候青少年控制不住自己、承诺了做不到，是正常发展现象后，会发展出更为智慧的对待儿童和青少年的方法——温和而坚定。
>
> 1. 教孩子与"做不到"相处。引领孩子自我觉察与反思（复盘和总结），激活前额叶的抑制调节功能，从而促进他们自我调控能力的发展，这样也能让前额叶变得发达。
>
> 2. 接受孩子"没按约定做到"。在接受孩子管不住和做不到的前提下，共情才是人之常情，同时陪伴他们勇敢地承担相应的后果及责任。
>
> 3. 刻意督促，促使孩子多做积极的行为。在尊重孩子的前提下，对他们进行有效的督促，在现实层面促进他们把更多的时间和精力投入到学业中、整理家务以及坚持体育锻炼上。

另一方面，互联网上充斥着能够勾起人们无意注意加工系统的钩子，容易激活人们最原始的大脑，让你欲罢不能。成年人尚且不易摆脱，何况青少年。最好的办法只能让孩子不接触或少接触不良网站，家长尽可能起到防火墙的作用。

人的注意系统通常可以划分成无意注意、有意注意以及有意后注意三个不同的类型（如图1-4所示）。接下来，我们分别来介绍。

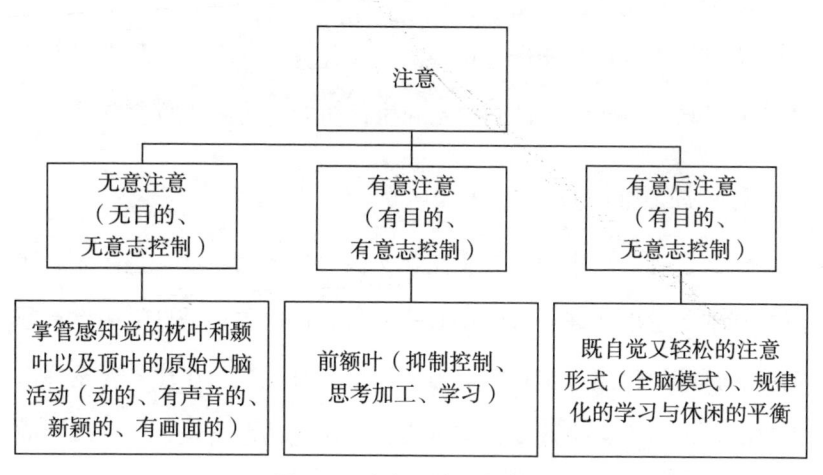

```
                            注意
          ┌──────────────────┼──────────────────┐
      无意注意            有意注意            有意后注意
     （无目的、         （有目的、          （有目的、
     无意志控制）       有意志控制）        无意志控制）
   ┌──────────┐       ┌──────────┐       ┌──────────┐
   掌管感知觉的枕叶和颞   前额叶（抑制控制、   既自觉又轻松的注意
   叶以及顶叶的原始大脑   思考加工、学习）    形式（全脑模式）、规律
   活动（动的、有声音的、                   化的学习与休闲的平衡
   新颖的、有画面的）
```

图1-4　注意系统三大类别

**无意注意**

无意注意又称不随意注意，是没有预定目的、不需要意志努力、不由自主地对一定事物所产生的注意。例如，你正在听讲，教室的门突然被人打开，你不由自主看了一眼，这就是无意注意。强度大的、对比鲜明的、突然出现的、变化运动的、新颖的刺激以及自己感兴趣的、觉得有价值的刺激均容易引起无意注意。

13

无论是哔哩哔哩、抖音、快手、腾讯视频号及各类直播平台的视频资源,还是游戏中上蹿下跳、充满新奇性的动感画面,以及购物 App 中色彩斑斓的图片及视频讲解,互联网中的大部分刺激都是新颖的、有强度的、音感及画面感震撼的、有强烈对比关系的,设计人员会根据你的广泛需求及兴趣设计 App,调动你的情绪状态。这些刺激激活的均是更为原始的大脑功能,引发的是人类的无意注意系统,而不需要前额叶抑制控制系统的参与。

然而,青少年时期最为重要的发展任务——学习,却需要有意注意的参与,需要掌管抑制控制和执行功能的前额叶的参与。

**有意注意**

什么是有意注意呢?有意注意又被称为随意注意,是在无意注意的基础上发展起来的人所特有的一种心理现象,是自觉的、有预定目的且需要付出一定意志努力的注意。有意注意往往需要发挥出一定的意志努力,个体要带着觉察,积极主动地去观察某种事物或完成某种任务。

学习就是一个最为典型的有意注意的过程,需要发挥我们的自觉性,需要有预定目的。例如,"今晚完成什么作业""今天的课要学完哪个章节",而且要把知识从不会到搞懂,就需要付出一定的意志努力。

因此,当青少年在面临一定的学习任务、需要克服一定的困难、学会一些学不会的知识、解决有一定难度的难题时,尤其需要有意注意的参与。

这时需要充分调动大脑前额叶的执行功能，就像交响乐指挥家能通过一根指挥棒让整个乐队奏出复杂的音乐一样，执行功能可以让大脑完成既规则又复杂的任务，而且它还能够影响青少年的自我调控水平，使其能为自己的学习任务制订计划，并对学习过程及学习行为及时进行自我觉察、自我监控并做出自我评价。

自觉、觉察是有意注意被激活的关键。如果想让孩子学习更有自觉性，使用手机更有自觉性，就需要多多提醒孩子带着觉察去体会学习和手机的使用过程。引领他们去观察在自己学习的过程中，什么样的情况会带来好的体验、什么情况下会有差的体验，让他们自己去发现其中的规律，实现自我的调节。这样他们就自然能够更多地激活大脑前额叶，使用有意注意的功能。慢慢地，他们越来越会自我调控，也就自然能够更好地平衡好学习与使用手机之间的关系了。

**有意后注意**

有意后注意是注意的最高级形式，它是自觉的、有预定目的、不需要付出一定意志努力的注意。在养成运动习惯期间，或者学习一些有难度的知识和技能时最需要的是有意注意，而一旦养成了习惯或动作已经自动化了，此时就是有意后注意了。这是一种既自觉又轻松的注意模式。例如，能够胜任学习的学生在学习起来就不容易累，因为学习对他们来说已经是轻车熟路了，就像老司机开车一般。

这就是为何越是存在学习困难的学生，在家学习时越容易偏离目标，不自觉地被手机吸引。因为这个过程困难又痛苦，需要付出很多有意注意的意志努力，而手机是轻松不费脑的。因此，存在学业困难的学生更容易沉迷于手机是符合大脑运转规律的。

这个时候，家长要做的是理解孩子的这种行为是符合科学规律的，不能只是简单粗暴地埋怨孩子、责怪孩子，因为这样不仅不能解决问题，而且会导致孩子把坏的感觉和这门学科联系在一起，更加厌恶这些存在困难的学科。

那怎么做才合适呢？怎么做才能更好地引导孩子管好自己呢？

仔细阅读专栏 1-2 的内容并在生活中不断践行，就可以在很大程度上帮助家长促进青少年的学习，促进他们自觉地管理自己。

---

专栏 1-2

### 提升执行功能是帮助青少年平衡好学习与使用手机的关键

执行功能是指个体在进行有预定目的行为过程中以动态、灵活的方式协调多个认知子系统活动的复杂认知过程，它犹如大脑的"司令官"，包括认知过程、语言过程、运动过程以及情绪过程。执行功能与一个人把想法落实到行动上的执行力品质密切相关。

那么如何帮助青少年提升其执行功能呢？多多引导和刻意训练他们从事以下三种类型活动，就可以促进其执行功能的发展。

**反应抑制：刻意慢下来**

反应抑制就是在说话、做事情前先思考后果，其实就是克服本能冲动，让大脑前额叶重掌控制权的过程，通俗来讲就是"说话、做事都要过过脑子"。行动前先思考目标以及想得到的结果就能慢下来。我们可以引导青少年在开展一项有预定目的又有一定难度的活动（如学习有难度的学科）时，按照如下步骤先慢下来，再进行自我调整：

（1）先喊停；

（2）在心里默念8秒；

（3）思考目标是什么，达成目标后的感受是什么；

（4）当下这个时间段可以做什么；

（5）动起来。

把"快一点"变成"慢一点"。慢下来才能打开自我觉察的开关，实现自我调节。例如，一位有智慧的老师对学生说："同学们，别着急，学会慢下来，带着觉察去发现你怎么样学才能学得会，才能得到你想要的结果？慢就是快，慢是人生最大的智慧。"孩子们经常带着这样的自我觉察去生活，就会不自觉地打开大脑前额叶的抑制及执行功能的开关。

**专注力：刻意训练一次只做一件事**

在生活中，我们会被各种外界的人、事、物所打扰，因此提升专注力成为大家共同关注的话题。我们可以从"一次只做一件事，不要让小事情中断重要任务"这个小场景入手，不断提升自己和孩子的专注力。我们可以：

（1）提醒青少年刻意地规划在一个固定的时间段只做一件事，可以根据孩子的年龄段适当缩短时间；

（2）提醒青少年有意地自我控制从干扰的事物中重新回到当前的任务上，循序渐进，专注力自然就会得到提升，执行功能自然也会增强；

（3）引领他们进行自我言语指导，如"我要将精力集中到……上""在几点前我只能做……这一件事"，这样做不仅会提升专注力，执行功能也会随之增强。

**体育运动：运动迁移到行动**

对于青少年来说，体育运动可以作为一种替代药物的经济有效的手段来改善其执行功能。研究证明，体育运动干预对青少年执行功能有改善效果。坚持一项体育运动，将身体能

> 量转变为心理能量,更有可能提高行动力,克服现实中的学业困难。

接下来,我们将详细介绍手机对我们的注意加工的两种具体影响形式,进一步帮大家认识到"面对手机为何忍不住"不是孩子的错。

## 手机在身边就已经影响了注意力

心理学家莎莉尼·米斯拉(Shalini Misra)等人曾经做过一个称作"iPhone效应"的有趣的心理学实验,它能很好地说明手机在我们身边对我们造成怎样的分心现象。

米斯拉等人随机把彼此不认识的被试分成两组,让他们在类似星巴克的咖啡厅里进行面对面的主题聊天,并要求两组被试在整个聊天期间不能使用手机,并把手机调成静音模式。

不同的是,一组被试的手机要放在口袋里或包里,总之就是离开视线范围,放在看不见、摸不着的地方;另一组被试的手机就放在桌面上(可以看得见、摸得着,就像我们平时工作和聊天时一样)。

实验结果显示,手机放在桌面上(即在视线可及范围内)的那组被试,聊天时的投入度以及感受到被对方共情关怀的程度均显著低于手机不在视线范围内的小组。

这个实验显示，只要手机在我们视线可及的范围内，无论我们用还是不用，都会导致我们分心或注意力分散，从而影响我们对当前任务的专注加工，进而降低我们当下的工作或学习效率。

接下来，我们来了解一下另外一种影响我们注意加工的手机多任务现象。

## 理解因手机产生的分心现象

当今社会，无论是成人还是青少年，以手机为载体的网络使用对个体学习及工作绩效的最大影响是，出现了因手机依赖而引发的从"一心一意"到"三心二意"的"分心现象"。

这一现象被学术界界定为手机多任务行为，也就是我们在学习或工作的过程中由手机使用引发的分散注意行为，以及在学习、工作与非特定任务手机使用（如查阅更新的微信消息）之间即时、快速的任务转换行为，也称一心多用现象。例如，原本要集中精力完成一项当前任务，却被突如其来的电话、短信、微信信息或QQ提醒等各种新消息多次中断和打扰，或已形成随时查阅信息更新的习惯。

有学者认为，这一普遍现象已经演化为一种社会症候群，即在移动社交环境下，人们会下意识、习惯性地去查看自己的手机并产生相应的信息操作行为，如浏览、搜索、交流、发状态、点赞、转发及娱乐等行动（如图 1-5 所示）。

只要手机在身边，我们就会忍不住在当前所做的任务和以手机为主的媒介使用之间频繁转换，使得学习及工作效率大大降低，导致学业或工作任务拖延。因为没有及时完成该做的任务，又容易引发现实性焦虑，那种感觉就像心里压着一块石头一样难受，而这种难受的感觉又驱使我们忍不住拿起手机用轻松的任务来缓解，以至对手机的使用欲罢不能，形成恶性循环。

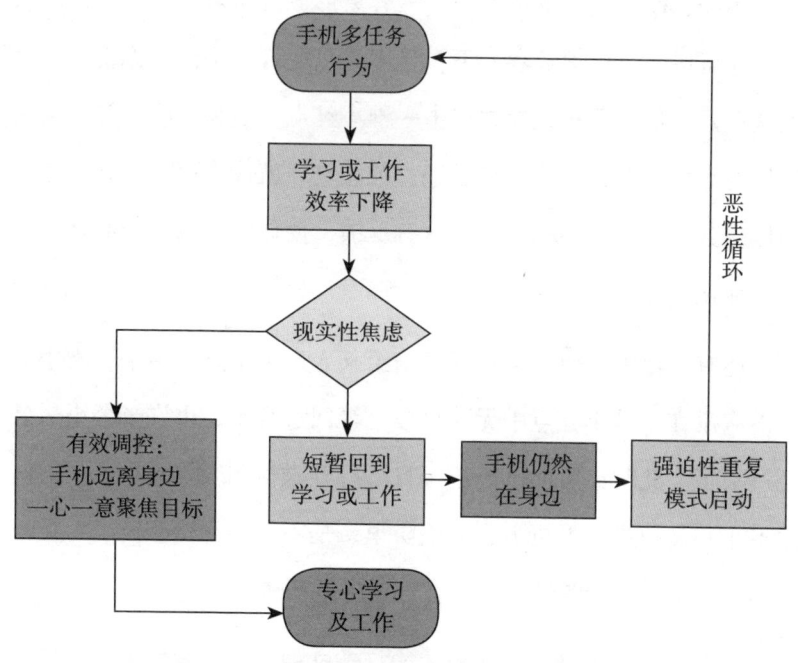

图 1-5　手机多任务现象的恶性循环及破解办法

而且科学研究表明，长期的手机多任务行为会让大脑皮层的灰质变薄，使得人们在做现实世界的任务时更容易分心，注意力的时长变得越来越短。

只要手机在身边，我们就忍不住产生手机多任务行为的根本原因在于，我们对常用的手机 App 会在大脑中逐渐形成查阅习惯回路。也就是说，我们对这些 App 的使用已经形成了自动化加工，已经不受大脑前额叶的抑制功能监管，即不受我们自己的意识控制。

例如，微信是一款最普遍、最容易形成查阅习惯回路的常用软件。你可以有意识地觉察一下，是不是只要打开手机，你就会不经意地点开微信，无意识地去点击一堆小红点？因为这些小红点会引发你的无意注意，使你不自觉地去关注它，就像小孩子喜欢按电梯的楼层数字一样，小红点一按就有反馈，使你的自动点击回路再一次被强化。

还有，你本来想主动打开微信给某人发个信息，结果一不小心就被淹没在一堆小红点中无法自拔，等回过神来，也许半个小时已经过去了，此时你可能已经忘了自己打开微信到底要做什么了——你不小心又掉进了手机上瘾的陷阱里，是不是感觉糟糕极了？类似的场景是不是会经常性地出现在你的生活当中？

那么，你可能会问，如何才能打破这种三心二意的手机多任务现象呢？请见专栏 1–3。

> **专栏 1-3**
>
> **打破手机多任务现象的三个办法**
>
> 1. 学习及工作时让手机远离身边，最好把它放到不容易拿到的地方，这一招最管用。
>
> 2. 当需要用手机来学习和工作时，提升自己的自我觉察意识，并在开始使用前先在大脑中反复"铭刻"自己要用手机来完成的任务目标，并提醒自己一旦觉察到被其他手机内的"钩子"勾走了，就要及时返回到主要目标上来。
>
> 3. 形成定期集中查阅信息的习惯。

## 手机使用引发的亲子冲突

家长普遍反映，手机玩多了，孩子变得脾气暴躁，情感淡漠，对爸爸妈妈骂骂咧咧甚至母子、父子对打，对别的事情好像也失去了兴趣。下面我们一起来了解下这些孩子出现这些过激行为的神经生理机制是什么，就会明白他们到底发生了什么，从而也就学会了如何按照科学规律与他们相处。

我们先来了解一下我们大脑的情绪反应系统。

人类的情绪反应是大脑的前额叶皮层和杏仁核这两个部分相互协同的结果。

首先，杏仁核对情绪的即时反应至关重要，而且它对外界发生的对个体生存有威胁的事件或危险线索特别敏感，在遇到危险时它能迅速做出原始的本能反应——要么回避或逃跑，要么对抗，总之要起到保护自己的作用。例如，当我们触碰到烫的水或遇到危险的事物，我们本能地要做出躲避；遭到他人对自己的攻击或指责，我们本能地要躲避或反抗，以让自己感觉好一些，能够更舒服地活下去。

其次，前额叶皮层对杏仁核的本能情绪反应具有调节作用。这个部分我们在介绍前额叶的意志调节功能时也讲过，我们大脑的前额叶皮层会通过对外界所发生的事情进行归因和解释，对本能反应做出理性的调节。这一高级皮层会将各种感知觉传入的信息（如我们所经历的人、事、物），以及以往的学习经验等进行整合，产生情绪的内部体验，并做出相应的外部行为反应。

在青少年看来，"父母怒气冲冲地夺手机"是一种带有威胁性负性情绪的刺激信号，杏仁核对这种信号做出的本能反应是产生愤怒情绪，本能地产生对抗行为（骂人的冲动以及想要动手反抗的冲动）。

如果前额叶皮层发育成熟，抑制功能足够，并且此时人们处在良好的状态而不是精疲力竭的状态，人们就会有多余的精力对这一本能的情绪反应冲动做出恰当的评估、解释以及相应的调节。例如,"这是我妈,虽然她来抢我的手机,我很愤怒,但我知道她是为我好,而且她现在在气头上才会如此的。我不能回嘴,不能还手。"此时,这个孩子有可能对妈妈说:"妈,停,先冷静下,这样没用,再继续下去,我怕我忍不住和你打起来。"过后,他有可能会主动告诉妈妈什么对自己有用、什么对自己没用(如图 1-6 所示)。

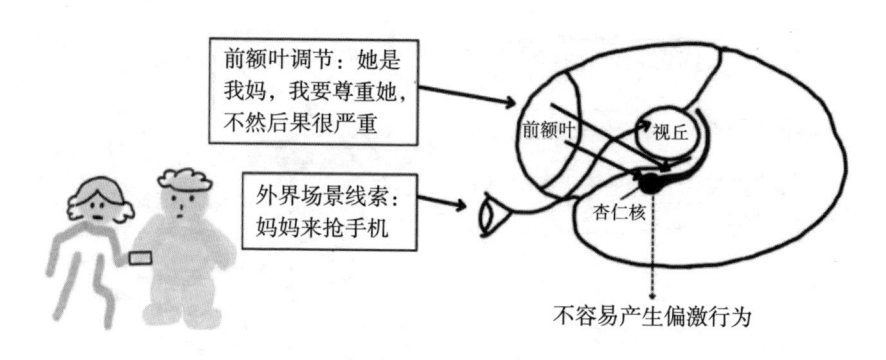

**图 1-6 前额叶抑制功能足够时的大脑信息传递途径**

上面的这个例子说明,前额叶的发育成熟能够对杏仁核的本能情绪反应产生调控作用,这也是孩子高情商非常重要的表现。这真的会降低孩子做出冲动行为的可能性。

见机行事就是指有些人能够根据当前的情景,及时通过前额叶的功能调节自己的行为,以达到与他人共赢、和睦相处的结果。

此时,孩子会不情愿地把手机给了父母,或手机被父母抢走后很不爽地踢门、摔打东西或关在房间生闷气,实施转移攻击。

但对前额叶发育还未成熟,本身就容易冲动、难以自控的青少年来说,一旦再遇到令他们心烦意乱、心身疲惫不堪的事情,前额叶调节作用就会失效,此时他们就会失去自我控制能力,导致他们宛如刹车失灵一般,难以控制自己的情绪和外在行为(如图1-7所示)。

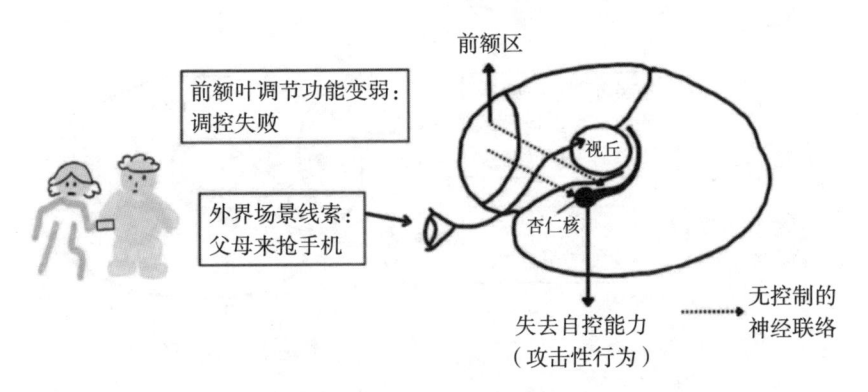

图1-7 前额叶抑制功能不足时的大脑信息传递途径

当孩子接收到父母怒气冲冲地来夺手机这一带有威胁性负性情绪的刺激信号后,皮层下结构杏仁核做出的本能反应是产生愤怒情绪,并做出对抗行为(骂人的冲动以及想要动手反抗的冲动)。因为如果前额叶意志调节功能变弱,人们在面对感知到的强烈威胁信号时就很难控制住自己,此时杏仁核的本能冲动占了上风,就管不了冲突的对象是谁了,很容易做出非理性的冲动行为。

其实,即便是前额叶发育成熟的成年人,在个人身心状态不好

## 第1章 青少年对手机欲罢不能的神经生理机制

又受到严重激惹的情景下，也会做出"爆表"行为，更何况是处在青春期、前额叶尚未发育成熟、易产生偏激行为的青少年了。

如果父母和孩子的亲子关系不好，孩子平时感知到的来自父母的支持和理解就不够，也就是父母在孩子的情感账户里的储蓄余额不多，必然导致孩子不能发自内心地佩服父母、接受父母。在面对这一窘境时，父母可参考以下应对策略。

1. 事中：管住嘴，迈开腿（闭上嘴，迅速离开现场）。因为此时孩子的杏仁核还在激活状态，很容易被激惹，如果此时父母还忍不住继续情绪化地说教、抱怨，这样做不仅对孩子的教养起不到任何好的作用，反而容易让前额叶发展不完善的青少年自我行为管控失灵，做出过激行为（如掐父母的脖子、和父母厮打）。而父母当下也处在杏仁核被激活状态，也很容易做出过激行为。

2. 事后：动机性面谈，激活前额叶功能。在双方都冷静后父母和孩子一起复盘整件事，看下一次如何避免发生类似的事件。如果父母发现自己有做得不到位的地方就真诚地向孩子道歉，理解孩子本能放松及玩耍的需求，并和他一起讨论如何健康地使用手机、如何满足自己玩耍和休闲娱乐的需求，以及如何平衡自己学习和休闲娱乐之间的关系，父母尤其要记得询问其在学业或人际交往层面最近是否遇到了什么困惑或困难。这样做其实就是复盘、反思和总结的过程，不仅能够促进孩子的问题得到有效解决，而且会有效激活孩子大脑前额叶的功能，有效促进其前额叶发育成熟。

3.绝口不提不用手机：让多元化的任务取代孩子手机使用时间，发挥他在家的功能性。这是我指导了上千个家庭后得出的最有用的应对策略之一。因为很多青少年对我说："老师，不玩手机就不知道能干什么才能弥补我空虚无聊的时间，一直学习也学不进去。主要是没事干才玩手机。"那父母就要刻意给孩子们安排各种活动，让多元化的生活任务夺取一部分手机使用时间。例如：

- "孩子，记得在9：00前铲猫砂哈""提醒下自己或设个闹钟在8：00前洗碗哈"；
- "下午4：00就到了打球的时间，记得去打球哈"；
- "记得给妈妈留出半个小时的时间，你看7：30是否合适，我有事请教你（或今天心情不好需要你的支持）"；
- "妈妈累了，麻烦你给我倒杯水"。

如果孩子没有动身，你就继续温和而坚定地坚持你的行动目标，不发脾气地一遍遍地提醒，你会发现慢慢他就养成习惯了。

## 提升自我控制能力的前额叶功能训练

锻炼身体可以增强体质，同理，多使用大脑，神经纤维的数量会增多、增粗，突触的数量也会增加。

前面我们讲了这个阶段也是额叶发展的关键期，如果能对前额叶开展有针对性的功能训练，有效激活其神经元的生长速度，增加该区神经元髓鞘化的程度，前额叶就能更发达。

一旦青少年拥有发达的前额叶，就意味着他们将拥有较强的计划性、专注力、执行功能、自我控制能力、情绪调节能力，这些都是获得良好的学习成绩以及社会性发展的重要前提，也是真正预防青少年手机上瘾的关键之一。

有效训练青少年的大脑前额叶可参考以下方法。

首先，朗读能活化大脑前额叶。日本东北大学未来科学技术共同研究中心教授、日本脑机能影像技术权威川岛隆太通过功能性核磁共振技术，曾经对日本福冈县44位患有认知障碍的老人展开脑部康复训练实验，分别就他们在思考、玩电脑游戏、朗读时的脑部反应进行测试。结果发现，老人在朗读时，流向大脑包括前额叶的血液量是最多的，供氧情况也是最佳的。也就是说，与单纯的思考问题以及玩电脑游戏相比，朗读活化大脑的作用最明显。

川岛隆太在其所著《朗读，让脑袋变聪明》一书中提到，朗读能让大脑60%~70%的区域都活跃起来。

与默读相比，朗读是一个多感觉通道的加工过程，需要眼睛看（能活跃枕叶）、嘴巴说出文字内容（能活跃额叶），耳朵听自己的回声（能活跃颞叶）、脑子思考学习、统筹加工（活跃右脑前额叶皮质区），因此具有很强的活化大脑的作用。这也是我在各地讲课时一直建议家里的老人早晨要带着小孩大声朗读经典美文的原因。

这样做不仅能够预防老年人产生认知障碍，而且还可以活化儿童的大脑前额叶，让他们变得更聪明。

从小学到高中，在学生这一前额叶发展的关键阶段，学校都会要求学生早自习要大声朗读，这一规定完全符合脑科学原理，对学生的学习及成长大有好处。

---

专栏 1-4

### 朗读改变大脑前额叶

记住，无论是成人还是青少年，每天早晨朗读 10~20 分钟是非常重要的保持前额叶活跃、让大脑变得更聪明的好方法。我发现，早晨起来大声朗读后，一天都会非常精神，你也可以试试看。

---

其次，上课认真听讲，积极参与课堂互动。每次我去中小学给学生们做心理学知识的分享，学生们乍一听"上课认真听讲，积极参与课堂互动"这话时都会笑，认为我是家长和老师派来的说客。但当我把科学依据说给他们听后，他们一般都会信服。

和朗读一样，上课也是一个多感觉通道加工的过程，尤其是当你积极参与课堂互动时更是如此。你耳朵在听老师讲课（能活跃颞叶）、眼睛在看老师的板书或者PPT（能活跃枕叶）、嘴巴在回应老师提出的疑问、脑子在思考（能活跃前额叶）、手在记笔记（能活跃顶叶）。因此，会听课的同学将能够充分地活化大脑，让大脑变得更发达、更聪明，对知识难点也就越容易理解与记忆，从而形成良性循环，越学越好。所谓的会听课，其实是指积极回应老师的问题，积极动脑思考老师的解题思维，对知识进行归纳总结及开展深入加工。

在针对提升青少年的学习力、增强其对学习的胜任感的相关训练中，我都会把改善青少年对课堂的核心认知放在首位，让他们愿意在提高听课效率上下功夫。

我经常会和青少年算一笔账。我说：

你们想过没有，一天中是不是大多数时间都在课堂上，而且无论你喜不喜欢都得上，既然不得不上，那就要好好琢磨下要怎么上才会让你的学习变得更轻松、课后作业变得更容易，并且逐渐要看到你学业水平的提升。

就像你长大后天天要上班一样，上都上了，该你干的都干了，可还看不到自己工资水平上涨，你多亏啊。要想提高工资水平的关键，不仅是看你干没干，更重要的是你干了啥，你怎么干的，要在这两点上做工作，才能真正为团队和企业创造效益，你的工资水平自然也才能上升。

一样的道理，认真琢磨、不断学习如何听课才高效，才能让你每天的课不白上。

除了上述两项外，运动（可以对前额叶皮质具有活化作用，可以提高灰质的浓度）、多思考、愉悦的情绪状态、新异性体验（去一些没有去过的地方、吃一些没有吃过的东西）、瑜伽、冥想、打坐都能对前额叶皮质具有活化作用。

最重要的是，记得"坚持"这个原则。越做与前额叶功能相关联的事情（如自我管理、自我控制、规划自己的生活），就越能够激活前额叶，让前额叶得到锻炼。

最后，他控的必要性。父母和老师一定要监管孩子的用网行为。因为青少年的额叶还在发展中，很难实现自控及自律，因此这个阶段的孩子需要外挂设备——他控，来帮助他们实现自我控制，减少因过度使用手机而带来的大脑前额叶的损伤。

第 2 章

# 我的孩子上瘾了吗

第2章 我的孩子上瘾了吗

在青少年临床心理工作中，经常有家长问我："我孩子的手机使用程度是否过度了，这属不属于上瘾行为？"

那么，我们先来看看什么是手机上瘾。

## 什么是手机上瘾

手机上瘾是一种行为性上瘾行为，是指由于个体过度使用手机而产生的心理依赖行为，进而对手机的使用失去控制，导致该个体的日常生活被干扰，并导致其出现心理或行为问题。

目前，学术界以及医学界对手机上瘾本身没有统一的评估标准，仅有网络成瘾中的分类"游戏障碍"被纳入《国际疾病分类》第 11 次修订本（ICD–11），被列入"上瘾行为所致障碍"章节。但爱玩游戏不等于游戏障碍，游戏障碍的相关诊断评估标准是非常严苛的，具体请参照专栏 2–1 "世界卫生组织对游戏障碍的官方界定标准"。

> **专栏 2-1**
>
> ## 世界卫生组织对游戏障碍的官方界定标准
>
> 一种持续或复发性的游戏行为（数字游戏或视频游戏），可能是在线或离线。体现在：
>
> 1. 游戏控制受损（对游戏失去控制力），比如对玩游戏的频率、强度、持续时间、终止时间、情境等缺乏自控力；
>
> 2. 对游戏的重视程度不断提高，以至于游戏优先于其他生活兴趣和日常活动；
>
> 3. 尽管有负面效果出现，但依旧持续游戏甚至加大游戏力度；
>
> 4. 这种行为模式的严重程度足以导致个人、家庭、社会、教育、职业或其他重要功能领域受到严重损害，并通常明显持续至少 12 个月。

由于时代背景发生了巨变，手机上瘾已不能完全借用游戏障碍的定义标准了。手机已经成为我们的延伸器官，现在青少年周末在家里用手机放松、舒缓压力，在网络上和同伴一起游戏、社交或社群聊天已是当今社会的普遍现象。很显然，手机的使用已经优于其他生活兴趣和日常活动，家长不能凭游戏障碍界定标准来判定青少年是否属于手机成瘾。如果用对手机失去控制力来评估也行不通，别说青少年，成人一会儿找不到手机也会不由自主地紧张，并渴求马上找到。也不能用手机使用时间的长短来判定，手机用得多并不代表就上瘾了，主要取决于手机是用来干什么，即从整体来说手机是促进了人们更好地发展和生活还是导致发展受阻或生活变糟了。

基于此，我提出了"手机积极使用"的新概念，所谓手机积极使用是指以下两个层面。

第一，增加手机对我们的积极影响：

- 满足心理需要，如打发无聊、调节情绪、缓解疲劳、了解资讯；
- 满足学习及工作需要，如学习及查阅资料、传送文件、工作交流；
- 满足生活需要，如购物、支付等。

第二，减少手机对我们的消极影响：

- 减少三心二意现象（欲罢不能的手机多任务）；
- 减少无意义、无意识过度卷入现象（不自觉就陷进去了）；
- 减少过度玩手机导致的情绪困扰及动力缺失。

只要我们带着觉察使用手机，不断地调整自己，让更多的手机使用行为促进我们更好地工作和生活，从而降低手机对我们不良影响的频次。同时，把"手机可以用，就看怎么用，用来干什么"这种理念传递给青少年，这样我们就达成了和网络友好相处，这才是最终目的。

由此看来，手机使用上瘾的确较难有统一判定标准，也难怪家长对手机上瘾的判定经常存在认识上的误区。要恰当评估青少年是否手机上瘾，还需要先识别常见误区有哪些。

## 手机上瘾评估的常见误区

手机上瘾经常在日常生活中被滥用，例如：

- "你看，你一天到晚就只知道玩手机，你的手机瘾真大。"
- "这孩子一拿手机就放不下，肯定是成瘾了！"
- "完了完了，这孩子一回家就把自己关在房间里玩手机，肯定是上瘾了！"

特别是对孩子用手机玩游戏更容易产生误区。家长和老师要注意区别游戏成瘾行为和正常游戏行为，以下两种常见的情况均属于正常游戏行为。

- 以休闲调节为目的：反复游戏行为是以促进社交、缓解无聊、调节情绪等为目的。
- 特定情形：在特定的年龄或社会群体中（如青少年男性）或在特定情境中（如作为节假日娱乐活动），可能存在较长时间或较高频次的游戏行为，评估时需要考虑文化、亚文化、同伴群体等因素的影响。

事实上，在现实生活中，手机上瘾的比例并没有那么高，大多数的青少年虽然表现得难以抵制手机的诱惑，但都属于正常使用的范畴。而"手机上瘾"的说法之所以经常被家长"滥用"也可理解，主要是因为在当今内卷压力极大的社会氛围下，"青少年玩手机的行为"已经成为家长的内在焦虑和生存恐惧的触发器。家长们害怕孩子用多了手机，心思不能放在学习上，误了前程，将来吃苦头。

如果孩子学习成绩不太理想，家长看到孩子玩手机触发的焦虑水平就会更高，因手机使用引发亲子冲突的可能性更大，"手机上瘾"的标签也就更容易被误用，这样就更无法达到激发孩子学习的内在动力、让孩子自觉地把更多心思放在学习上的目的。

在大量的临床咨询工作中我们发现，青少年之所以沉迷手机往往并不是因为手机本身惹的祸，而是因其发展过程遇到了阻碍、发生了一些导致他们无心学习或者学习遇到卡点的事件，从而丧失了学习兴趣。因此，与其在手机管控上做工作，不如在如何帮助他们顺利发展上做工作。

也是因为这个思路的转变，我们提出了聚焦青少年积极发展的手机上瘾评估新视角。

## 手机上瘾的 6S 简易评估法

大多数前来求助的家长最常见的诉求往往是，自己孩子的心思不在学习上，一天到晚就想着玩手机，收也收不回来。家长用了各种方法来管控，如达成约定、断网、没收手机，但发现效果并不理想，甚至会导致亲子关系越来越恶化。

这些家长希望通过咨询解决以下四类问题。

- 学习与手机使用的平衡问题：如何让孩子少玩手机，把心思更多地放在学习上，从而能考上理想的高中或大学。
- 情绪管理问题：如何让孩子能更好地进行情绪管理，减少焦虑、抑郁等不良情绪，把心思更多地放在学习和发展上。
- 关系问题：如何才能帮助孩子处理好与家长、老师和同学的关系，让他们在和谐关系中健康成长。
- 自我管理问题：如何让孩子能够实现更好的自我管理，能够按时作息、坚持锻炼身体、健康饮食、自主学习。

在对青少年开展手机上瘾问题干预的过程中我们发现，聚焦评估和解决青少年这些发展中的问题、用积极发展的视角帮助家长不再聚焦简单的手机管控而是聚焦如何帮助孩子更积极地发展上，才是更好的方式。一旦家长明白了这些基本原理，并学会在对孩子顺利发展有帮助作用的方向发力，就不会冲动地对待孩子，能够逐渐从"无效过度管控"过渡到"影响"，即通过影响青少年用积极的态度面对自己的学习、生活及社会适应，也就真正解决了上述诉求问题。

家长和教育工作者真正在意的不是手机使用问题，而是青少年学习、生活及社会功能是否得到了健康积极发展的问题。那么，什么是健康积极的发展呢？引用世界卫生组织对健康的界定："健康是一种在身体上、精神上的完美状态，以及良好的适应力，而不仅仅是没有疾病和衰弱的状态。"

鉴于此，我们开创了对孩子是否手机上瘾评估的新视角——聚焦于青少年是否得到了积极发展（而非用不用手机、手机用多长时间）的手机上瘾6S简易评估法，以期帮助家长评估青少年在学习、生活以及社会功能等方面是否具有良好的适应性，有没有得到积极发展。而干预的视角也是带领家长关注孩子各项功能的恢复和促进，而非仅仅聚焦于手机的管控。

6S简易评估法（如图2-1所示）是从六个方面来评估青少年是否得到了积极发展，这六个S分别代表自尊（self-esteem）、学习（study）、社交（social）、运动（sports）、睡眠（sleep）、清扫（sweeping）。只要青少年在这六个方面都获得了较好的发展，那么他们就不会存在手机上瘾的倾向。

在这六个S中，学习、社交、运动和睡眠都较易理解，接下来重点介绍下清扫和自尊的重要性。

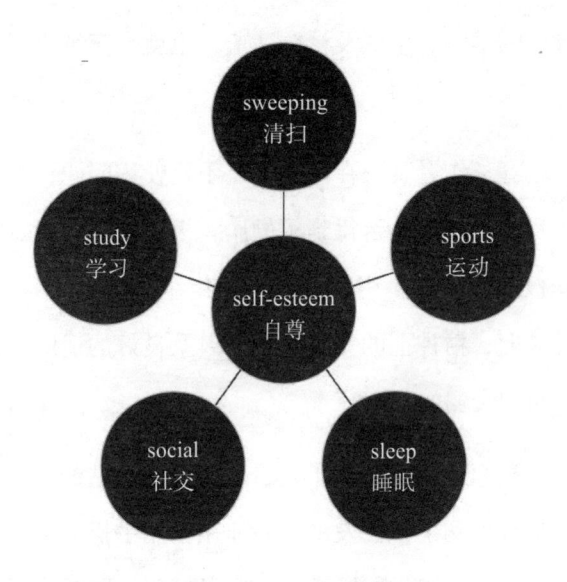

图 2–1　6S 简易评估法

## 清扫

清扫，即青少年可以有意识地、积极主动在家整理房间，参与到家务劳动中。我之所以将清扫放进 6S 简易评估法当中，有以下几点原因：第一，青少年社会适应的一个比较重要的方面就是可以照顾自己，有较强的动手能力，这无形间会提升青少年的生存适应性，也会增强青少年的安全感和自我价值感；第二，内务整理能力与孩子的逻辑水平的发展以及手眼协调性等基础认知能力的培养紧密相关，会直接反映在学业发展水平上；第三，心理学上"具身认知理论"强调我们的生理体验与心理状态之间有着强烈的联系，即生理体验可以"激活"心理感觉，清理家务的同时也是清理我们内心的过程,因此经常做家务清扫会无形间提升青少年的心理健康水平,减少其心理疾病的产生;第四,很多有情绪问题或自杀意念的青少年,往往觉得自己很没用,觉得自己活着就是个累赘,这是由于享受太多家庭带来的好处而付出不够,学习又没搞好,从而觉得自己毫无价值可言。因此,让青少年多为家里付出,参与家事,就能够部分消除这个年龄阶段付出和收取的不平衡给他们带来的压力感。

然而,这个 S 却是家长们普遍会忽略的方面,因为往往家里有老人或钟点工,根本用不着孩子动手,或者有些时候家长觉得叫孩子做清扫,不仅做不好,叫的时候叫不动枉费口舌,还不如自己动手做了省事。有关这个部分到底怎么解决,请关注自我功能培养相关章节。

## 自尊

自尊,即关于自我价值及自我接纳水平的总体感受,也是个体对自己整体的满意性程度。健康的自尊表示个体可以做到一定程度或较高程度的自我认可,有着健康自尊的个体往往拥有一套稳定的内部评价体系,不太容易受到他人评价的影响,也不会强迫他人非得认可自己,因此较容易一心一意地聚焦于当下该做的事。而有着不健康的自尊的个体对自我的认可度较低,往往没有一套稳定的内部自我评价体系,很容易受到周围人、事、物的影响,而且因为在意或"强迫"他人认可的意思,心理内在冲突多,经常会心力俱疲，难以聚焦在当前所要做的事情上。

这也是把自尊这个 S 放在图 2–1 最中心位置的原因所在，它是青少年能够把自己的心思聚焦在学习、社交、运动、清扫、睡眠这五个 S 上的基础与前提。自尊搭建得好，青少年才能拥有稳定的内在动力及精神能量来发展外面的五个 S。与此同时，外面的五个 S 也会影响到个体自尊水平的建构，即它们发展好了，也有助于自尊水平的提升。

那么有家长可能会问了，如何评估我孩子的自尊发展水平呢？

马歇尔·罗森伯格（Marshall Rosenberg）的自尊评估量表（详见表 2–1）是目前评估自尊水平最常用的工具。该量表的得分范围在 10~40 之间，得分越高代表自尊水平越高。家长可以试着让自己的孩子评估一下。

表 2–1　　　　　　　　　　自尊评估量表

|  | 非常符合 | 符合 | 不符合 | 很不符合 |
|---|---|---|---|---|
| 1. 我感到我是一个有价值的人，至少与其他人在同一水平上 | 4 | 3 | 2 | 1 |
| 2. 我感到我有许多好的品质 | 4 | 3 | 2 | 1 |
| 3. 归根结底，我倾向于觉得自己是一个失败者 | 1 | 2 | 3 | 4 |
| 4. 我能像大多数人一样把事情做好 | 4 | 3 | 2 | 1 |
| 5. 我感到自己值得自豪的地方不多 | 1 | 2 | 3 | 4 |
| 6. 我对自己持肯定态度 | 4 | 3 | 2 | 1 |
| 7. 总的来说，我对自己是满意的 | 4 | 3 | 2 | 1 |

续前表

| | 非常符合 | 符合 | 不符合 | 很不符合 |
|---|---|---|---|---|
| 8. 我希望我能为自己赢得更多尊重 | 4 | 3 | 2 | 1 |
| 9. 我确实时常感到自己毫无用处 | 1 | 2 | 3 | 4 |
| 10. 我时常认为自己一无是处 | 1 | 2 | 3 | 4 |

我们将6S进一步细化成青少年日常生活的各个方面，同时增加对他们整体身体和精神状态的评估，用来方便家长和老师们对青少年经常使用手机前后的状态变化做出更清晰的评估（详见表2-2）。

因此，每当有家长找到我时，我通常会先让家长在大概介绍完咨询诉求后填写表2-2，然后再进行进一步的工作。家长也可以用表2-2中的这些方面来评估，看看目前应该将发力点用在孩子发展的哪些方面。下面我们来看个具体案例。

男孩，初三上学期，最近一个月周末回到家手机使用时间每天五个小时以上，和父母沟通变得不耐烦，情绪容易暴躁。他的妈妈为此备感焦虑，怕他手机上瘾而影响中考。但父母在家实施强硬管控措施没有什么效果，亲子冲突升级。渐渐地，每到吃饭时间孩子仍把自己关在房间里不出来，他的妈妈想知道该怎么办才能让孩子的行为发生转变。

针对这一案例，我们借助6S简易评估法对这名男孩进行了评

表2-2　青少年经常性手机使用生活和社会功能变化评估表

| | 经常性使用手机前 | 经常性使用手机后 |
|---|---|---|
| 学业表现 | □ 优等<br>□ 中上<br>□ 中等<br>□ 中下<br>□ 待合格 | □ 优等<br>□ 中上<br>□ 中等<br>□ 中下<br>□ 待合格 |
| 户外活动 | □ 不爱（除了学校，无额外）<br>□ 一般（每周1~2次）<br>□ 喜欢（每周3~4次） | □ 不爱（除了学校，无额外）<br>□ 一般（每周1~2次）<br>□ 喜欢（每周3~4次） |
| 睡眠节律 | □ 睡眠规律（24:00前入睡）<br>□ 睡眠轻度颠倒（凌晨1:00前）<br>□ 睡眠重度颠倒（凌晨3:00—4:00） | □ 睡眠规律（24:00前入睡）<br>□ 睡眠轻度颠倒（凌晨1:00前）<br>□ 睡眠重度颠倒（凌晨3:00—4:00） |
| 外出行为（节假日，与同学、朋友、家人） | □ 不爱<br>□ 一般<br>□ 喜欢 | □ 不爱<br>□ 一般<br>□ 喜欢 |
| 家务整理 | □ 良好<br>□ 普通<br>□ 不好 | □ 良好<br>□ 普通<br>□ 不好 |
| 饮食形态 | □ 三餐规律<br>□ 三餐不规律 | □ 三餐规律<br>□ 三餐不规律 |

| | 经常性使用手机前 | 经常性使用手机后 |
|---|---|---|
| 身体状况 | □ 健康<br>□ 普通<br>□ 不健康 | □ 健康<br>□ 普通<br>□ 不健康 |
| 精神状况 | □ 有活力<br>□ 普通<br>□ 易疲倦 | □ 有活力<br>□ 普通<br>□ 易疲倦 |
| 与同伴相处 | □ 有很多好朋友<br>□ 有一些好朋友<br>□ 只有一两个好朋友 | □ 有很多好朋友<br>□ 有一些好朋友<br>□ 只有一两个好朋友 |
| 与家人相处 | □ 良好<br>□ 普通<br>□ 不好 | □ 良好<br>□ 普通<br>□ 不好 |
| 与老师相处 | □ 良好<br>□ 普通<br>□ 不好 | □ 良好<br>□ 普通<br>□ 不好 |

估和指导,具体步骤如下。

第一步,让家长借助表2-2进行初步评估。孩子的妈妈通过填写表格发现,孩子在学习、运动、清扫、睡眠以及自尊方面均未产生大的变化,身体和精神状况也还好,只是在社交上面有些变化。其一是同伴关系,"听到孩子抱怨前段时间在管理班上被同学起哄、指责,与同学发生了些矛盾";其二是亲子关系,因为妈妈觉得孩子手机用多了,自己感到焦虑,双方为此起了激烈的冲突,因此影响到了亲子关系。

第二步,基于上述评估结果,我给孩子的妈妈的咨询反馈如下。

首先,孩子肯定不属于手机上瘾,可以不用如此焦虑。

其次,孩子在学校周一到周五已经很紧张了,到了周末,大脑需要得到放松,手机是目前最为便捷的放松方式,可以有效地让掌管学习的前额叶得到放松。放松过后换了脑子,孩子在下周的周一到周五才会更有状态投入学习。如果真的是控制不住用时过长,孩子自己心里就会感到难受和自责,就像我们自己有时追剧失控追过头了,心里会很不舒服,接下来就会更专心和用心地投入到该做的事情当中,因此未必是坏事。人不可能那么理想化地处在一直好好学习或用心工作的状态中。反而你越安慰他,他越不好意思,越会努力调整自己。

最后,也许是孩子因为在学校里与同学之间产生的矛盾还未化解,产生了心理冲突,情绪受到了影响。所以,这个时候妈妈更应该关注的不是手机使用问题,而是孩子未化解的内心冲突问题。这大概率是导致孩子为了情绪调节及逃避补偿而过多使用手机的原因之一。不妨问问孩子需要什么帮助,或者愿不愿意跟爸爸妈妈聊聊,给他情感关怀和支持,这才是最重要的。

第三步,原因解构。人的心理加工往往有 ABC 三个层面(如图 2-2 所示)。A 指的是外在行为层面,通常是指日常生活中由行为组成的各种事件;B 指的是由这些事件所引发的对应的情绪和情感层面;C 指的是对所发生的事所持有或自己也觉察不到的观点、立场、想法和信念的认知层面。在 A(事件)和 C(认知)之间往往隔着 B(感受)这堵墙。孩子之所以不想听父母说,是因为父母习惯性的说教直接在 C 认知层面用力,并没有穿透"感受"这

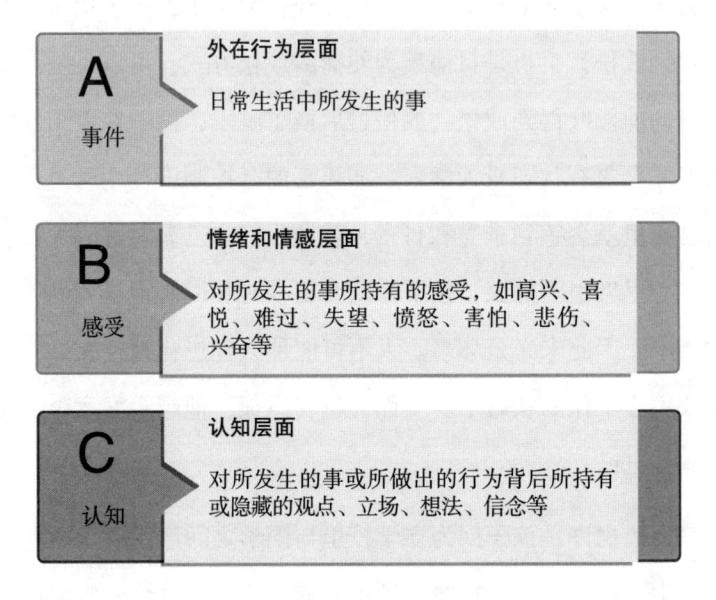

| A 事件 | 外在行为层面<br>日常生活中所发生的事 |
|---|---|
| B 感受 | 情绪和情感层面<br>对所发生的事所持有的感受,如高兴、喜悦、难过、失望、愤怒、害怕、悲伤、兴奋等 |
| C 认知 | 认知层面<br>对所发生的事或所做出的行为背后所持有或隐藏的观点、立场、想法、信念等 |

图 2-2 人类心理加工的三个层面

堵墙，各种道理根本无法进入孩子的内心（潜意识层面），而且还会令孩子的防御心理更重（更烦躁了），他们就会直接关闭沟通的大门。

第四步，有效做法。最重要的是父母要在孩子的情绪和情感层面用力，也就是不着急给孩子讲道理，先理解和共情，他们更需要被懂得，一旦情绪脑得到了安抚，就可以平静下来，前额叶才会发挥作用，孩子自己就能够进行思考并做出判断。如果孩子没有向父母寻求建议父母就不要给；如果孩子问父母了，父母也要强调"所提供给他的只是不同的思考视角，未必适合他，仅供参考"。越是这样，孩子反而越能听得进去。此外，这些思考视角也需要一定的潜伏期，才能逐渐在孩子的身上产生作用。教育是一个需要慢慢等待发酵的过程。

第五步，了解孩子使用手机主要是做什么。有的青少年使用手机大多是为了业余爱好，并不是为了逃避现实中的挫折。如果是这样，家长并不用太担心。例如，有的孩子会花很多时间了解手机的型号、研究手机的拆装，自己买来零配件来组装；有的孩子用手机上的App学绘画；有的孩子研究各种喜欢的手办，甚至自己尝试绘制手办，转化成商品；有的孩子研究视频剪辑，做二次创作。我觉得这些手机的使用是值得鼓励的，家长还可以结合孩子的兴趣点，一起探讨他们未来的发展方向是什么。

总之，觉得孩子用手机用得多，家长即使觉察到了自己焦虑的情绪，也需要提醒自己停一停，不要着急付诸行动，先按照上述标准评估一下，再思考一下，到底孩子是为了满足哪些需求才用手机的，这样家长才能越来越靠近能真正解决问题的恰当做法。

## 手机上瘾评估的注意事项

对青少年手机上瘾的评估有以下几个常见注意事项。

- 6S 评估法属于主观性评价。因为立场的不同，青少年对手机使用程度及个人发展的感知通常与老师、家长的感知存在非常大的差异，加之对手机上瘾的界定本身就是个非常复杂的过程，因此家长和老师要意识到这种主观差异性对评估结果会有一定的影响。
- 量表评估不能作为诊断依据。网络上也有一些手机上瘾、网络成瘾的评估量表，这些量表评估也只能作为参考，并不能作为诊断依据，最终诊断是否属于手机上瘾是不能依靠量表的。
- 家长、老师以及心理咨询师均不具备医学诊断的资格，只能用上面的内容做出初步评估，只有精神科医生才具备法定诊断权。如果所评估的对象有疑似上瘾的倾向，我们建议到当地医院心理科或精神科就诊。

# 第 3 章

# 三大基本心理需求的缺失导致手机上瘾

# 第3章　三大基本心理需求的缺失导致手机上瘾

## 通过现象看实象

很多家长总是认为，青少年爱玩手机、不好好学习的罪魁祸首是手机，只要减少孩子接触手机的机会，其问题就迎刃而解。在咨询过程中我遇到大量存在手机过度使用或上瘾行为的青少年个案，让我逐渐意识到，手机沉迷只是青少年各种发展性问题行为的表面呈现方式，只有关注到沉迷背后的真相，了解每个孩子使用手机的动机，才能真正帮助孩子恰当使用手机、学业进步、健康成长。于是，我把这种现象归纳总结为手机上瘾的冰山理论（如图3–1所示）。

手机上瘾的冰山理论具体是指，当个体过度沉迷在手机当中，我们能看到的通常只是其表面上沉迷在手机当中无法自拔的外在行为（如对其他事情的兴趣降低、作息及饮食紊乱、无心学习或工作、与人在现实层面上的交往减少、情绪易暴躁，等等），但这只是冰山一角，导致其上瘾的根源却藏在更深的层次，不易为人所见，恰如水下冰山，潜藏在水面下的实际上是心理需求满足的受损。因来访的个案其基本的心理需求在现实中无法得到满足，故而到网络中过度补偿，逐渐发展成手机过度使用，乃至上瘾。

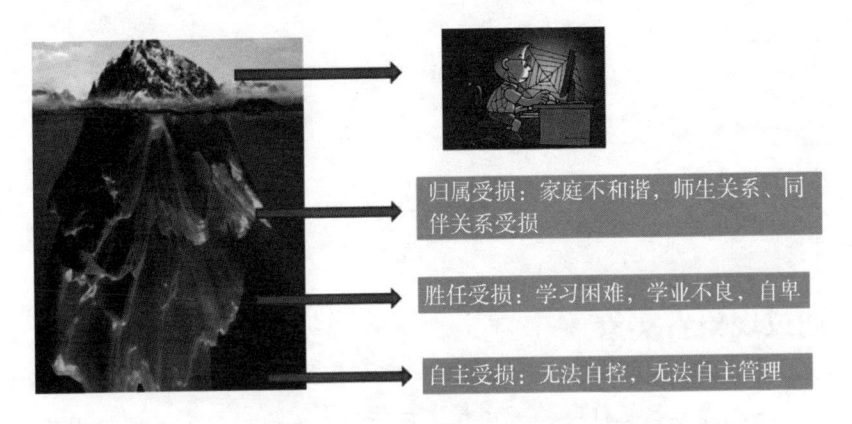

图 3–1　手机上瘾的冰山理论

归属受损：家庭不和谐，师生关系、同伴关系受损

胜任受损：学习困难，学业不良，自卑

自主受损：无法自控，无法自主管理

要解决手机上瘾问题，最重要的是从冰山下面着手，而非仅仅在冰山这一外在手机行为管控上开展工作。那么，人类的三大基本心理需求具体包括哪些内容呢？那你就需要来了解一下伟大的自我决定理论。

## 冰山之下的三大基本心理需求

三大基本心理需求是自我决定理论的重要核心内容，该理论是由美国心理学家爱德华·德西（Edward Deci）和理查德·瑞安（Richard Ryan）等人在 20 世纪 80 年代提出的关于人类自我决定行为的动机过程理论。

我之所以称其为伟大的自我决定理论，是因为我本人非常欣赏这两位心理学家，他们在原有动机理论的基础上提出这一解释人类动机的新视角,并在这一主题上潜心研究了几十年。目前,自我决定论已逐渐形成了一套较完善的关于人类动机和人格的理论体系,并被广泛应用于管理、教育、咨询等各实践领域,为人类做出了巨大贡献。

自我决定理论主要关注人类行为由"自我"决定的程度,它属于人本主义倾向的动机理论。其基本的理论假设为:

- 人的天性是积极的;
- 人可以自我激发;
- 人拥有好奇心;
- 人具有先天的心理成长和发展的潜能;
- 人渴望成功,而且获得成功本身就是一种较好的自我满足与自我奖励;
- 自我决定的潜能可以引导人们从事感兴趣的、有益于能力发展的行为,这种对自我决定的追求构成了人类行为的内部动机。

自我决定是一种关于经验选择的潜能,是在充分认识个人需要和环境信息的基础上,个体对行动所做出的自由选择。

自我决定理论研究者在对个体内部心理和外部环境两方面因素进行分析的过程中,提取出三大基本人类心理需求,即自主需求、胜任需求和归属需求(如图3-2所示)。

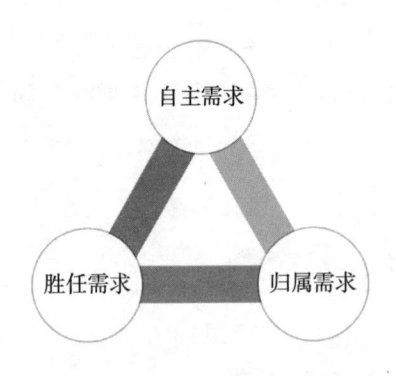

图3–2 人类的三大基本心理需求

一是自主需求,即"我能决定自己的选择",是个体根据内心意志和愿望来自由选择从事某些活动,并体验到拥有良好的自我组织以及自我管理的能力,可以管理自己按照内在的自我行事。这种自我决定的需求可引导人们从事具有内在兴趣和有助于自身发展的行为,从而形成内在动机。当环境能够让个体体验到自主性(如个人意志、发表看法、采取主动等),或者个体在某个活动上的自我决定程度较高时,他体验到的是一种内部归因,感到自己能够主宰自己的行为,自己是自己的主人。此时,他参加活动的内部动机就高。

二是胜任需求,即"我能做到",是个体需要体验到自己有能力胜任某项活动,在与自身环境交互作用时,个体很渴望感到强烈的胜任或高效。胜任的需求与班杜拉的自我效能感同义,是指个体对自己的学习行为或行动能够达到某个水平的信念,相信自己能够胜任该活动。

三是归属需求,即"我和他人是融合的",是指个体需要与某人相联系或属于某个团体,即个体需要获得其外部社会环境中他人的关爱、理解和支持,并体验到一种归属感。

自我决定理论认为,这三种心理需求的满足是个体健康成长和积极自我发展的基础,一个人是否心理健康要看这三种基本心理需求是否同时得到满足,而非其中两种或一种得到满足。

如果这三种基本心理需求均得到满足,人类就会获得健康成长和自我实现。这时,人们通常会表现出较强的自主动机和更强的环境适应能力。

同样,能够满足青少年这三种心理需求的家庭环境、班级和学校环境,以及与青少年恰当互动的社会情境都能够促进他们外部动机的内化,逐渐形成内部动力更长久地坚持某项活动,并能促进积极的心理状态的形成和保持,能够更好地成长,产生更积极的行为结果。

相反,那些阻碍这三种需求满足的外在环境或社会情境通常会降低个体的自主动机、学习及工作绩效和幸福感。

大部分存在手机过度使用乃至上瘾行为的青少年,往往是因为上述心理需求受挫导致产生发展性问题且未及时得到解决,故而到手机中去寻求补偿。这也就是上述手机上瘾的冰山理论的核心部分。

要想真正解决手机上瘾问题,就一定要好好运用这一理论找到上瘾行为的根源问题,在这个"病根"上做工作。

脱"瘾"而出：如何让孩子放下手机

## 案例分析

### 无法上学的王同学

王同学的父母来我们这里求助是因为他退学在家后，天天在家用手机上网。初二寒假期间，王同学长时间使用手机，有时会玩到凌晨两三点，父母管不住他，亲子关系恶化。王同学的父母是从远离深圳的小县城来到深圳周边城市做小生意的，文化水平低，平时工作较忙，也不太懂得和孩子沟通。到了开学时，王同学假期作业基本没有做，怕去上学被老师批评，这是他开学不愿意去上学的触发理由之一。于是从初二下学期开始，他就天天躲在家里用手机上网，父母每次劝他，他都会大发脾气，然后把自己关在屋里不出来，也不愿意见学校来看望他的老师和同学。在经过我们团队中有经验的咨询师对他的父母开展家庭治疗后，初二下学期快结束时，王同学成功复学了。在复学的时候，他写了如下的一封信，表达了他的心声（如图3-3所示）。

通过这封信，运用冰山理论，我们来透过表象看实象，就可以更好地分析王同学手机过度使用背后的真相到底是什么以及手机沉迷行为是怎么形成的。

1.他胜任学习的心理需求未被满足。王同学在信中说："前段时间没来上学是因为某些学习任务对于我来说无法完成，增加了我的学习压力。日复一日，这种压力形成了一座大山，重重地压在我身上。"

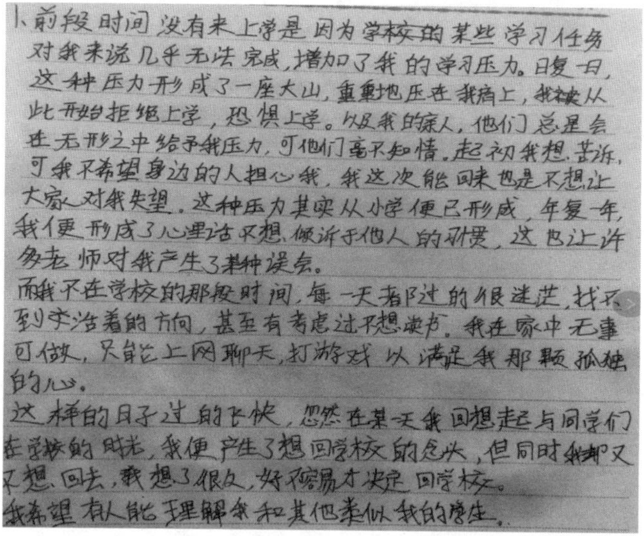
1、前段时间没有来上学是因为学校的某些学习任务对我来说几乎无法完成，增加了我的学习压力。日复一日，这种压力形成了一座大山，重重地压在我肩上，我从此开始拒绝上学，恐惧上学。以及我的家人，他们总是会在无形之中给予我压力，可他们毫不知情。起初我想告诉，可我不希望身边的人担心我，我这次能回来也是不想让大家对我失望。这种压力其实从小学便已形成，年复一年，我便形成了心里话不想倾诉于他人的习惯，这也让许多老师对我产生了某种误会。
而我不在学校的那段时间，每一天都过的很迷茫，找不到生活着的方向，甚至有考虑过不想读书。我在家中无事可做，只能上网聊天，打游戏以满足我那颗孤独的心。
这样的日子过的飞快，忽然在某一天我回想起与同学们在学校的时光，我便产生了想回学校的念头，但同时又不想回去，我想了很久，好不容易才决定回学校。
我希望有人能理解我和其他类似我的学生。

图 3–3　王同学复学后的一封信

2. 归属需求未被满足。从信中可以看出，王同学与父母和老师之间关系的这个管道是堵塞的，他无法与父母和老师去交流自己内在的想法。因此，这个极其焦虑、充满渴望的孩子，在“错误的事物”上无法从父母、老师和同伴那里获得“理解”“安慰”和“支持”。

3. 自主需求也未被满足。王同学并不能很好地按照自己内在的真实意愿对自我进行组织和调节，也就未达成良好的自我管理。

所有的上瘾行为之所以能入侵个体、占据心灵，是因为它们能抚慰、麻痹因基本需求没有被满足而躁动的心灵。王同学的基本心理需求长期不能得到满足，他会感到十分痛苦（产生痛苦体验），每天都很迷茫。到了某个阶段这种不适和痛苦变得难以忍受，他就会慢慢放弃这些需求，寻求其他的方式进行补偿及缓解痛苦，比如在家里通过上网聊天、打游戏以排解孤独感。其实，我接触到大量手机过度使用的个案，他们的内心都极其痛苦。

在我接触的很多父母眼中学习无动力的青少年个案中，当我让他们感到安全、被无条件地接纳之后，从我身上感受不到一点指责和敌意时，因害怕被攻击、被指责的防御罩就会慢慢卸下来，向我敞开他们真实的内心。我会发现没有孩子不想好好学习，他们的过往都有过一段时期想要提升自己，以胜任他们这个阶段最重要的一项发展任务——学习。正如一名青少年告诉我的："老师，我努力了，真的努力过了，我发现我做不到，我看不到我的变化和提升，所以我不得已才放弃的。我就幻想着做游戏主播也能养活我自己，不也是一条路吗？"他此时真实的心理需求就被习得的心理补偿所占据，成了真实心理需求的替代物，每天不打游戏就难受。

所以，我们可以把手机上瘾看作是被阻碍、压抑的真实需求的替代物。真实的需求（顺利的学业发展以及和谐的亲子关系、师生关系、同伴关系等）被阻碍，被次级习得需求（网络游戏、社交）取代。

其实，如果王同学在最初遇到学业胜任的需求无法得到满足时，在他的身边有一位能理解和懂他以及可以为他提供建设性支持的父母或老师，帮助他度过学业无法胜任的危机，帮助他学会认清自己、接纳自己并逐渐学会管理自己，让他去接纳和面对目前自身存在的问题，循序渐进地去解决它，那他虽然也会使用手机，但不太可能沉迷其中。

因此，只有我们更清晰地认识到青少年手机上瘾的形成路径，才能找到帮助青少年积极使用手机、而非沉迷其中影响其正常发展的破解之道。

## 青少年手机上瘾的形成路径

在手机上瘾的冰山理论的基础上，结合大量过度使用手机的青少年心理过程访谈，我们总结出了青少年手机上瘾形成路径（如图3-4所示），以帮助家长和老师们更清晰地了解手机上瘾的形成路径过程，寻找其中的解决之道。

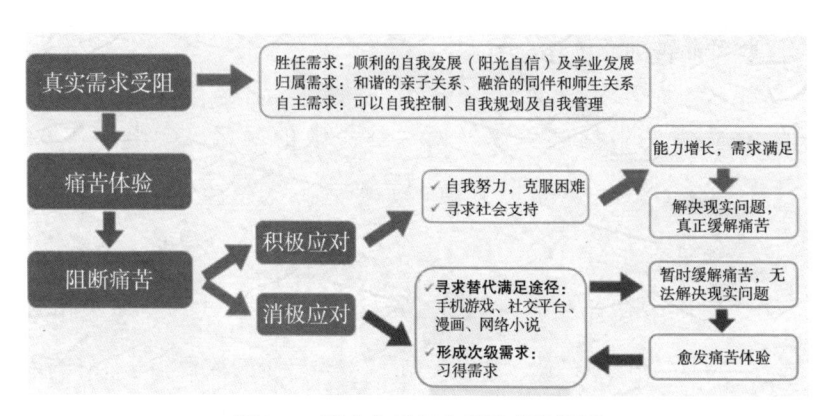

图 3-4　青少年手机上瘾形成路径图

青少年手机上瘾的形成路径具体包括以下四个阶段。

阶段一：基本心理需求无法得到满足，产生痛苦体验。当青少年的胜任、归属以及自主这三大基本需求得不到满足时，个体就会产生焦虑、抑郁、恐惧等痛苦情绪体验。

阶段二：企图阻断痛苦却越发痛苦。其实，痛苦本身不是问题，痛苦只是人类整个生命长河中正常境遇的一部分，是人们对特定外在刺激情境因素的自然反应而已，如果顺其自然，它就像时间一样会自然地流淌过去，有时甚至还出奇的快。

但问题就在于，我们内在的心智模式往往不允许我们自己按照自然进程发生。当我们感到伤心和痛苦时，我们觉得自己必须做些什么，哪怕只是努力去理解所发生的一切，我们通常会在大脑里不自觉地反复思考所发生的痛苦事件，反复咀嚼，形成思维反刍现象，而这只会让我们感觉更糟，造成情绪反应的次级症状，即对焦虑的焦虑、对恐惧的恐惧。

这种痛苦的心境还会引发：

- 负性的情绪感受以及对过往失败的回忆，会出现灰心、沮丧、低落、伤心、焦虑、烦躁不安、恐惧甚至抑郁等负性的情绪及情感；
- 使得个体产生自我批判式的消极思维模式，脑海中常会浮现"我不够好""我真差劲""我是一个失败者"等不好的自我评价，这个时候的个体最容易思考"人为什么要活着"的话题，而此类话题思索的一般性结果是"活着没啥意思，还不如死了算了"，更容易导致抑郁心境的产生；
- 在与人相处上，因为内心的容量被痛苦占据，易被激惹，容易与最亲近的人产生冲突，此时人类本能的"心智行动模式"就会让我们主动寻求办法消除这种痛苦；
- 因为情绪本身就有动机唤醒及维持功能，如果青少年陷入负性情绪，又不能做好及时的情绪调控，在学业上逐渐丧失前进及达成目标的动力，开始产生"不想学、提不起劲头学"的感受，从而导致他们认知功能受损，如注意力受损（无法集中精力在当前做的事情上）、记忆功能受损（很多要学的内容记不住、也学不进去），学习成绩无法提升。

阶段三：两种不同的应对痛苦的方式。生物体的本能行为是趋利避害，我们的神经系统一旦觉察到痛苦体验，就像手不小心碰到开水一样，就会自动地、本能地回避痛苦体验；与此同时，也会形成两种不同的应对痛苦的方式——健康的积极应对和不健康的消极应对（如图3-4所示）。

健康的积极应对。如果此时青少年能够在成人的支持下采用积极应对的方式，就会付出自我努力，克服困难。在学业上，他可能会调整对自我的认知，降低目标，并制订计划，投入到学习当中，并在恰当的时候寻求社会支持，比如让父母帮忙找补习老师，让自己的成绩逐渐得到提升，获得能力的增长，从而真正降低了现实焦虑，满足了真实需求。此时学生周末回家用网，是为了休闲娱乐，调节放松学校里的紧张，或建立与同学之间的联系，手机积极使用的模式由此就形成了；否则，就会产生不健康的消极应对。

不健康的消极应对。然而，我们日常的教育通常是知识的教育，以及如何取得成功的教育，可是很少有老师及家长会在孩子小的时候就给孩子开展挫折教育，即如何接纳失败、如何正确看待失败，又如何采用恰当、有效的方式对当前问题进行积极应对，因此使得很多青少年在遇到类似下面的案例分析"无法融入学校的曹同学"中曹同学的情况后，就开始本能选择逃避的方式来消极应对。人们为了阻断痛苦和麻痹自我，就会寻求替代性满足，逐渐形成习得需求。在互联网时代背景下，由于手机携带方便、有各种毫不费力就能让自己暂时忘却现实烦恼的游戏、视频、小说、趣味相投的群体，到手机中寻求补偿性心理需求的满足就成了这个时代青少年的首要选择，例如在网络游戏中获得胜任感补偿；在网络中寻找相同爱好者，加入某些社群，获得归属感的补偿；自主地选择自己想要上网的内容，获得自主感的补偿。因为手机用得越来越多，逐渐形成了依赖，被困在上瘾的恶性循环圈之中难以自拔。

阶段四：次级需求的升级，并产生戒断反应。通过手机上网，在互联网中寻求替代满足，并没有真正帮助他们解决现实中基本心理需求受阻的问题。很多青少年都反映，当他们从手机中抽离出来的时候，会感到更加空虚、难受，产生对现实更强的无力感，这也是很多上网成瘾的个体逐渐会产生抑郁心境的核心原因。

而这种不好的感受，使得个体又本能地再次到网络中寻求补偿，随着耐受性的增强，其上网的时间以及上网的频率会不断增加。这种反复使用网络的行为会不断刺激中枢神经系统，导致神经内分泌紊乱，并慢慢会产生戒断反应，即一旦无法上网就出现焦躁不安、失眠、食欲增强、血压升高以及心律不齐等戒断症状，会产生极大的痛苦。如此这般，现实的真实困难无法得到克服及解决，基本心理需求也就无法在现实中得到满足，因此也无法真正走出上瘾的牢笼。

接下来，我们用一个案例来再次剖析这一过程。

## 案例分析

### 无法融入学校的曹同学

曹同学，男，18岁，高三男生，因长期焦虑无法沉下心来学习，周末沉迷游戏，不愿返校。其父母均是高知分子，曹同学被母亲带来求助。

曹同学是一个典型的高中不适应的案例，他初中就读的是当地一所很不错的学校，自认为中考时发挥不理想，考进了一所自己不喜欢的学校，其实这所学校在当地排名也很靠前，但对于曹同学来说，与他初中上的学校相比，这所高中无论是环境还是氛围都令他非常不喜欢。因此，他活在了悔恨当中，这种抵触的心理一直伴随着他，甚至升入高三他也没能融入这所学校。曹同学在学校经常感到焦虑，也没有什么要好的朋友。再加上他因为觉得自己考入了不理想的高中很没面子，所以也很少和初中时的同学、好友联系，常常陷入孤独当中。升入高中以后，曹同学的数学成绩一直不理想，想学好却做不到，上课时十分头痛。周末回到家，明明很想按计划把数学补上去，但他就是动力不足，异常痛苦，只能让自己沉迷在游戏当中，寻求心灵慰藉。到了返校时间，他内心是非常不愿意返校的。他所面临的最主要的痛苦是：高三了，所有同学都在进步，只有自己在退步；所有的人都在高考这辆火车上，只有自己还没上车。

我们可以用上面青少年手机上瘾的形成路径来分析曹同学的手机过度沉迷的过程。

首先，曹同学在现实层面的基本心理需求无法得到满足，因而产生了痛苦体验，具体如下：

- 胜任需求方面，想学好数学但做不到；
- 归属需求方面，没有融入高中的师生关系中，与不少同学以及老师的关系都不和谐；
- 自主需求方面，无法自主管理自我，想要学好却学不进去，一上数学课就头痛，回到家尽管想学，但因为有痛苦体验就用游戏来麻痹自己，外在的行为和内在的心理意愿相冲突。

曹同学对自我有着较高的要求，对中考成绩的不满意长期伴随着他，令他经常活在悔恨当中，这种长期的痛苦体验令其无法将心安放在学校里，同时也无法很用心地投入学习之中。学习结果的反馈又令他对自我更不满意，同时对不良自我状态的焦虑也使其心境愈发糟糕，他自己尝试调节多次无效（积极应对失败）。哪怕已经高三了，仍然忍不住整个周末都沉迷在手机当中，晚上玩游戏到凌晨三四点都无法睡觉，周日下午返校时，又会因为作业没做、想补的数学也没补这些现实问题而更加自责，感到糟糕至极，极不愿意去学校。但当又一个周末到来时，相同的模式又会出现（习得需求已经形成），父母如果不让他使用手机，他就会焦躁不安、坐不住、内心发慌，甚至会出汗（产生戒断反应）。

可喜的是，曹同学本身有很多积极的资源可以被启用一起解决问题。首先，他的父母在学习心理学，个人成长后更懂得在曹同学身上发生了什么，可以和他谈心。其次，曹同学自身的成就动机很高，因此经过一段时间的咨询，当我带领曹同学看到他目前状态的形成过程，并用情绪调节技术帮助他习得如何在自己产生痛苦体验时，由消极应对的模式逐渐转成积极应对的模式，让其能够慢慢将心放在学习上，并产生积极正反馈，开始建立良性循环。我也给他的父母出了一套帮助曹同学积极发展的支持性方案。曹同学慢慢成功地从恶性循环中摆脱了出来，在一次语文阶段考中还考到了年级前三，数学成绩也在发生着变化，最后考上了一所自己还挺满意的"211"大学。

而案例分析"无法上学的王同学"中，我们也是在帮助其父母了解休学在家的王同学手机上瘾的形成过程及成因，降低其焦虑，不断带领父母住进孩子心里，不断想办法将着眼点更多地放在孩子的积极发展上，而不是一味地盯着用手机这个无效做法上。经过一个阶段，王同学慢慢回归到了正常的发展轨道上。这一个个成功的个案干预经验使得我更坚信，要真正解决这个时代青少年手机沉迷的问题，重要的是要关注青少年手机沉迷冰山之下的基本心理需求的发展受阻，把着眼点放在如何促进青少年的积极发展上，再加上合理地管理他们手机的使用，才能真正收到成效。由此，我们提出了手机上瘾的预防及干预方案——青少年积极发展模型。

## 预防及干预手机上瘾的青少年积极发展模型

由青少年手机上瘾的形成路径可以看到，关注青少年的积极发展，帮助青少年积极应对现实中的发展困难，让三大基本心理需求获得满足才是解决手机上瘾问题的根本。由此，我们构建了手机上瘾的预防及干预——青少年积极发展模型（如图3-5所示），本书接下来的几章均是围绕着这个模型图予以展开。

第一，归属感、胜任感及自主感。我们从青少年手机上瘾形成路径图（见图3-4）了解到，手机上瘾的核心关键是三大基本心理需求在现实发展中受阻。因此，关注如何帮助青少年满足其三大基

图 3-5　手机上瘾预防及干预——青少年积极发展模型

本心理需求，获得胜任感、归属感及自主感的良好体验，是从根部解决手机上瘾问题的关键。

第二，情绪调节。帮助青少年习得正性的情绪调节方式，使得他们即使在生活及学习过程中受挫，产生了糟糕情绪体验，也能及时做出调整，激发成长的动力，采取积极的行动方式来应对负性事件，从而达成克服困难、能力增长的目标，避免采用补偿性地使用手机等消极应对方式的产生。

第三，核心自我。要满足青少年的三大基本心理需求，核心重点是关注青少年的"自我功能"的发展。自我功能，在精神结构中处在最重要的地位，是每个个体人格的根基。如果个体的自我功能得到较好的发展，那么个体就会较容易实现三大基本心理需求的满足，可以说良好的自我功能，是心理需求得到满足的基础及重要前提。因此，我们把它置于手机上瘾的预防及干预模型中的中心位置。

第四，客体爱。青少年积极发展模型图中的"客体爱"指向核心自我功能，是指在青少年成长的关键期，父母除了给孩子提供必要的生活照料等物质上的满足之外，最为重要的是为孩子提供拥有抱持功能的心理支撑。具体就是要多留意孩子的内在感受，并及时注意到孩子内在感受及情绪状态的变化，及时与孩子谈心，为孩子提供"情感灌注"。这样，父母这个对于孩子来说的人生中最为重要的他人，就能慢慢内化到孩子心中，成为孩子自我人格结构中的一个稳定的内在客体（重要他人），这种情况又被通俗地称为"心中住进爱的人"。这是帮助孩子发展出成熟自我功能的核心关键。

第五，身心语言程序。身心语言程序是我们大脑指挥身体行动的运转手册。其核心工作过程是运用第2章的6S简易评估法，评估出父母及孩子目前亟须升级改造的内容，例如改善孩子的注意力、增强孩子的胜任感，或把父母无效的身心语言程序（如"你看你又不专心了，还不快点写"）变为有效的身心语言程序（如"不着急，慢一点，分心是正常的，只要觉察到自己分心，拉回来到你当前要做的事情中即可"），然后持续和孩子开展这种有效的指导式对话。

在接下来的章节，我将给家长及老师们详细介绍如何帮助青少年获得归属感、胜任感及自主感，以及如何帮助他们增强核心自我功能，帮助他们掌握情绪调节的方法和技巧，并制定恰当的身心语言程序来进行循序渐进的升级改造，以帮助他们渡过发展难关，重新获得学习动力。

第 **4** 章

# 归属感培养

从第 3 章中我们了解到，手机上瘾的本质是人的基本心理需求在现实发展中受阻，进而产生痛苦体验，当青少年没有能力采用积极应对的方式有效面对、提升自我、发展出相应能力以达成现实层面的心理需求满足时，就会采用消极应对的方式，到网络中寻求心理补偿，寻求替代的心理满足。

由此，要真正解决青少年手机上瘾问题的关键是帮助青少年发展出在现实生活中建构基本心理需求满足的能力，也就是不聚焦于手机的管控，而是聚焦于青少年的积极发展。我们先从青少年的积极发展模型图（见图 3-5）中归属感的培养讲起。

## 从进化心理学的视角看群体归属的重要性

首先，我们讲一个有趣的"老鼠乐园"实验，从中可以了解归属感对于我们每个生命个体毕生发展的重要性。

加拿大西蒙菲莎大学教授布鲁斯·亚历山大（Bruce Alexander）博士团队为老鼠制作了堪称老鼠天堂的老鼠笼子，笼子里有老鼠爱吃的食物、可玩耍的各种小玩意，还有很多条小隧道，研究人员会在这些小隧道的通道处放上混有吗啡（一种强致幻药剂）的毒水和自来水，然后把老鼠随机分成两组进行实验。一组是让它们过群居生活，另一组是隔离开来放在单独的笼子里，观察哪组老鼠更有可能吸食"毒水"。

他们发现，虽然群居的老鼠有时也会相互攻击、产生冲突，但因为有机会和其他老鼠玩耍、交配、相互陪伴，群居的老鼠虽然常常经过通道但却几乎不喝"毒水"，而单独隔离的老鼠会大量饮用混有吗啡的毒水。

这个研究带给我们的一个重要启示，同伴之间相互的联结对生物体健康存活非常重要。借用心理学界一位朋友的说法，也许不应该用"成瘾"一词，或许我们应该称之为想要"联结"。

同样，人类天生就有联结彼此的需求。

而孤独感是上瘾行为最大的元凶。当个体心里有创伤，或是因遭遇挫折和失败导致自卑，或被孤立而无法与他人产生联结时，人们往往需要与某种"物"进行联结，以舒缓压力与不适感。而这个"物"往往会有年代特征，例如过去的"武侠小说""色情杂志"或者是"烟、酒""毒品"等，而在当今这个时代背景下，大家的首选肯定是手机这个可以补偿我们各种缺失的"好东西"。我们均需要一个"联结"，因为这是我们人类本能的需求。

我们同样可以从自然界的丛林法则来进一步理解群体归属对于生命个体的重要性。

我们大家都知道，自然界里的物竞天择、适者生存、优胜劣汰、弱肉强食的规律法则，又被称为丛林法则。

如果我们生活在远古时代，试想一下你一个人待在森林里生活会不会被猛兽吃掉？你是不是很渴望有人在你身边，和你生活在一起？这样你是否会感觉到生存下去的概率会更大，也会觉得更安全？

这也就是我们远古时代的祖先选择群居的原因：一个人是无法在森林中生存下去的，一群人才行。当我们融入群体后，我们生存的机会就会变大。

这样的生存经验已经成为遗传基因密码的一部分代代相传至今，成为我们现代人生存本能的一部分。当我们感受到归属于某个群体、被群体接纳，我们本能上会觉得生存概率变大，感到更安全，并由此产生幸福感；否则，在群体中遭受排斥，我们本能觉得生存的概率会变小，会感受到低自尊。这就是我们每个人都存在希望被人接纳、被人喜欢的内在心理倾向的原因。

## 归属感是安心学习的基础

归属感是孩子能沉下心来专心学习的前提。

我们都有过这样的体验，某日和家人或身边的朋友、同事发生了冲突或矛盾，或者觉得有人排斥自己，此时我们会在心里反复记挂着这件事，忍不住去在意它，即进入了自动化的"思维反刍"或

"穷思竭虑"状态，使得自己无法专心于当下的学习及工作任务。

长期的青少年心理工作经验告诉我，很多孩子尤其是进入青春期这一特殊阶段的孩子，对于同伴之间的关系异常敏感，是否能融入同伴群体、与同伴建立好的关系、与三两个同伴建立友谊，直接会影响到他们在这个阶段的学业投入度及学习成绩。

三体脑的概念能帮助我们更科学地理解上述关系。

三体脑是由美国国家精神卫生研究院大脑研究和行为实验室主任保罗·麦克里恩（Paul MacLean）提出的，他认为我们人类大脑的结构是进化的产物。

他依据人体大脑演化的阶段，把人脑分成爬虫脑、情绪脑和皮质脑三个部分（如图4-1所示）。每部分分别代表了个体不同的心智状况和需求。

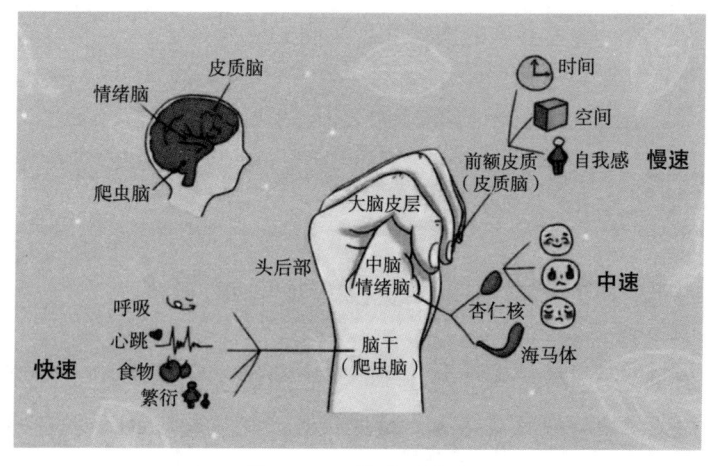

图4-1 三体脑示意图

## 爬虫脑及其功能：本能反应

如果把握起拳头的左手代表着人类的大脑（如图 4-1 所示），手肘的部分代表着脑干的部分，也是爬虫脑所在的位置。它是人类最原始、最古老的大脑，又被称为"原始脑"，距今已有 2 亿~3 亿年的历史。所有的动物都有这个部分的大脑，它主要掌管心跳、呼吸、新陈代谢以及觅食、繁衍等生存本能，它的活动通常是生物出于自我保护的本能反应，无法用意识来控制。

爬虫脑遵循"趋乐避苦"原则，即趋向快乐刺激，躲避痛苦刺激。对于外界让自己感到痛苦的刺激或事物，通常会本能做出以下三种反应，来保护自己。

- 逃跑。例如，小朋友面对令自己感到痛苦的作业时，一会儿要喝水，一会儿要撒尿，这就是典型的爬虫脑反应。
- 战斗。在紧急危险的情况下，当逃跑解决不了问题时，人们为了能生存下去，短时间内会爆发极大的生命能量与危险做抗争。
- 僵住。例如，有人听到难以承受的噩耗时，会出现暂时昏厥。

有很多休学在家、沉迷在网络虚拟世界的青少年，在学校有被孤立、不被接纳的感觉，在家也感到不被父母理解和接纳，因此爬虫脑在此时会被激活，令其产生本能的退缩反应，退缩到象征"子宫"的自己的房间里，暂时逃避来自外界的痛苦。

## 情绪脑及其功能：情感中心

情绪脑处在图 4-1 中大拇指握住掌心的位置，对应的是我们大脑的边缘系统（包括下丘脑、杏仁核以及海马体），是所有哺乳动物均拥有的"大脑"，又被称为"哺乳脑"，距今已有 5000 万年的历史。情绪脑表达、协调包括依恋、恐慌等情感和感觉，并储存创伤记忆，它与社交、互惠和育儿等功能紧密相关，更多地表现为渴望被尊重、被爱、被接纳及被信任。

因此，当孩子得到尊重、感受到被爱、被接纳以及被信任时，就不会恐慌不安，也不会被不良情绪困扰。心神不宁无法安心学习的现象就会消失。因此在临床心理工作过程中，通常治疗孩子的多动现象，最好用的治疗策略就是对其主要照顾者（通常是母亲）进行工作，通过母亲帮助孩子安心下来，让他们的情绪脑没那么容易被激活，避免动不动就焦虑和恐慌，这样母亲才能发挥出对孩子情感养育的功能，真正走进孩子的内心，陪伴着孩子成长。慢慢地，孩子的心就不会躁动不安，自然会沉下来专注在当前的学习任务上，注意力分散现象会大大减少。

## 皮质脑及其功能：智能化过程

皮质脑是指图 4-1 中握住的四个手指的位置，对应的是我们的大脑皮层，它距今约有 300 万年的历史，主要掌管我们的学习、思考、交谈、观察、听和创造等认知功能，占整个脑容量的三分之二，是人类独有的高级智能脑。孩子们学习以及成人工作均是激活这个脑区，它只有在安全、放松的状态下才能运转。

## 归属感是皮质脑开启的基础

地处边缘系统的情绪脑与皮质脑之间存在着千丝万缕的联系，二者联合掌控脑功能的发挥。当我们感受到自己归属于周围的群体、被群体接纳和认同，感受到被尊重、被爱、被接纳以及被信任时，我们更有可能接受自己，感觉自己是好的，内心冲突较少。此时，我们的心是安的，即处在放松状态下，皮质脑就可以被充分激活，进行学习、思考及加工；否则，情绪脑会被充分激活，让我们感受强烈的内心冲突、引发我们的焦虑及恐慌，以至于让我们寝食难安。

可见，归属于群体，和父母、老师和同学友好相处，有三两个要好的朋友是青少年皮质脑开启的基础，这样他们在该学习的时候才能更安心学习，或更能心无旁骛地聚焦于当下要做的事情。

那么，接下来我们就来解析家长和老师要具体怎么做才能帮助青少年提升归属感，从而降低其到手机中去寻求补偿的概率。

## 平衡两种本能驱力

在帮助青少年学会与人相处，提升其归属感的一个重要前提是要先认识人的两种本能驱力，这样不仅能更好地帮助青少年发展出融入群体的能力，而且还能帮助他们提升自己情绪管理的成熟度。

家庭系统理论的提出者默里·鲍恩（Murray Bowen）指出，我们每个人都有两种相反的基本生命驱力，分别是个体性驱力和联结性驱力。

**个体性驱力**。个体性驱力能帮助我们建构生命的成长，使得我们活出独一无二，并逐步达成"自我分化"，即在发展的过程中自己的心灵从"母体"（养育者，包括父亲、母亲等为我们提供养育功能的权威人物）分化出来，有主见，敢担当，没有那么容易受到他人观点和看法的影响。因此，个体性驱力会驱使我们更倾向于采纳自己的观点，认可自己与他人的差异性，体现个人的自主性，与他人保持清晰的界限。这些都是个体逐渐走向成熟的表现。

**联结性驱力**。联结性驱力会驱动我们寻求对他人的依附，想获得归属感和被认同，它代表一种情绪历程。在这种驱力的驱使下焦虑情绪和"自我"会在人与人之间传递，焦虑传递通常以每个人的某个部分与他人交换，并以团体作为整个情绪单位。这种驱力普遍存在于大自然界的许多物种中，大自然界的牛群效应能够很好地反映这一点。

## 焦虑的牛群效应

牛群中有一头牛因为受到某些危险因素的惊吓而焦虑不安，这种焦虑情绪会立刻在牛群中扩散，从一头牛传递到另一头牛，整个牛群的焦虑行为瞬间被鼓动。群体处理焦虑的可预期反应是本能地相互靠近，这和遭遇空袭时，人类躲在防空洞中相互依靠，或在一个国家遇到危难时，民众会变得更团结、彼此更支持，都是一个道理。鲍恩认为，这种驱力就像我们的生命本身一样古老，是个人力量不足以抵抗外在危险时的一个本能反应体现。

这种焦虑的传递同样也常常出现在我们人类的家庭中，当母亲很焦虑时，这种焦虑会传递给父亲，或直接传递给孩子。

联结性有时又被称为融合，它代表着我们会放弃一部分自我及获得一部分他人自我的现象。融合或联结性驱力，常常是情绪成熟度低或焦虑非常高的状态下的自动反应。例如，很多青少年到了青春期这个阶段，都会特别在意同伴对自己的看法、是否接纳自己。此时，尤其是女孩，在与同伴相处时会放弃一部分自我，即隐藏自己的真实想法或需要，为了获得联结性而委曲求全，也特别容易会受到同伴想法的影响，即获得一部分他人自我。

## 个体性驱力与联结性驱力的平衡

个体性驱力和联结性驱力具有拮抗以及对立的基本特质，是人类的本能，那么到底这两者之间达到一个怎样的平衡才是对我们最好的呢？

理想的状态是，我们每个人既能持续聚焦于自己的生活和方向（保持个体性），同时仍能与生命中的重要他人保持开放和清晰的沟通（保持联结性）。也就是我们可以在保持个性的同时，与亲人、朋友亲近。

要做到这点需要提升我们的情绪成熟度，增强自我分化程度。因为情绪成熟度高或自我分化好的人，依附另一个人的需求较少，相对拥有较为完整的自我，自己会与焦虑相处，不需要将自身的焦虑传递给他人，或是通过他人来成就自己。这本身就会降低他人的看法、态度以及情绪状态对我们自身的影响，形成更稳定、更独立的自我。

那么，什么是自我分化呢？又如何增强呢？

## 增强自我分化程度

在介绍自我分化程度之前，我们先了解一下每个人都有的两个内在自我引导系统。

一是情绪引导系统，对应前面所讲的情绪脑，涉及的是我们情绪的自动反应及各种本能条件反射。情绪引导系统更原始、更不受控制，我们不自觉地就会受到周边事物的影响。比如，对于青少年来说，同学的一个眼神就有可能让他难受半天。

二是理智引导系统，对应的是皮质脑的功能，涉及思考、判断、推理等，通常能帮助我们做出更为深思熟虑、对自我的生活有所帮助和改善的行为反应及决策。如果父母想让自己的孩子拥有更好的自我调控能力，主要就是帮助他学会激活这套系统。

日常生活中围绕我们周围的各种重要关系，例如夫妻关系、与父母的关系、兄弟姐妹的关系、同学关系、师生关系、朋友关系经常会引发我们内在的焦虑。而当焦虑到达某个程度（这个程度因人而异，对于人际敏感度高的个体，这个阈值可能会很低），情绪脑被充分激活，使得皮质脑无法发挥作用，我们称之为凌驾于理智之上，皮质脑的逻辑思考功能无法发挥作用，完全被焦虑淹没。这也是当我们在气头上时完全听不进任何道理的原因所在，在这种情况下，我们也无法做到理智地回应对方。

日常生活中，有些人经常受到情绪引导系统的主宰，而另外一些人则经常受理智引导系统的主宰。

那么，这两个内在自我引导系统与自我分化之间的关系是什么呢？

自我分化就是指，个体能脱离原生家庭的情绪和情感依附，发展出独立的自我，也就是前面所讲的个体性驱力占主导地位。如果到生活中找符合高自我分化的原型人物，就是那些自己能独立思考、不容易被他人想法左右，同时敢于承担责任的人。

自我分化又包括个人层面及关系层面这两个层面的分化。

从个人层面讲，自我分化程度高的人能够较好地区分情绪引导系统与理智引导系统，并在两者之间求得平衡。他们不会任由自己一直处在情绪化的高焦虑状态，具备较好的情绪调节能力，具有较高的情绪成熟度。

从关系层面讲，自我分化程度高的人可以将自己与他人的想法和感觉区分开来，也就是具有较高的情感区分能力，他们不会被他人的情绪所左右。他们既可以与他人亲密，同时也能保持独立和个性化。

自我分化强调在他人建立亲密关系的同时，不伤及自我的独立性。

鲍恩认为，孩子在年幼时因为对家庭依附的需要，会倾向于与主要照料者的情绪有较高的融合度。但随着年龄的增长，就要渐渐与主要照料者进行分离，成为独立的个体，能与他人保持一定的情绪界限。

自我分化程度高无论是对自我的发展还是对自我与他人之间建立成熟的关系都具有重要的意义。

自我分化程度高的人具备以下特征：

- 能够较好地用理智引导系统调控情绪引导系统，具有较强的自我管理能力；
- 比较能聚焦于目标，对于自己想实现的目标，感受好不好并不重要，比较看重结果；
- 在群体中比较善于拿主意、做决策，做事稳健，周围的人通常用"这个人做事稳重"来对其评价；
- 有稳定的内部自尊评价体系，不太担心得不到认同和爱；
- 不太容易出现身心疾病、情绪问题或社交问题。

对应地，自我分化程度低的人具备以下特征：

- 理智引导系统不太能调控情绪引导系统，容易受到情绪的主导；
- 比较容易被周围环境影响，偏离目标，做事较为看重感觉，感觉好不好比实现目标更重要；
- 在群体中不善于拿主意、做决策；
- 比较看重获得周围人的认同和爱，能获得他人认同和爱的事情会激活他们的驱力；
- 容易出现身心疾病、情绪问题或社交问题。

自我分化程度高的青少年更容易有目的、有计划地使用手机，更容易呈现手机积极使用的趋势；自我分化程度低的青少年容易陷入手机中，要想从手机中脱困则需要付出更多的意志努力。

如此看来，帮助青少年提高自我分化程度，才能使其更好地处理他们与手机之间的关系，将更多的精力放在达成自我发展目标上，这样也就自然能获得更好的发展了。

那么，怎样才能帮助青少年提升自我分化水平呢？

首先，需要家长和老师提升自身的自我分化水平。在一个家庭中，分化得分最低的人，往往是家庭融合症状承担者，自我发展会受困；而个性独立的家庭成员，往往不会受到原生家庭那么多的羁绊。只要我们建立上面这些意识，多觉察自己的情绪反应，并使用情绪调节那个章节的知识，多多激活理智引导系统，就能发生改变。

> **专栏 4-1**
>
> ### 情绪分化良好的家庭示范性做法
>
> 情绪分化良好的家庭示范性做法，通常包括：
>
> - 虽然孩子是家庭成员中的一分子，父母仍允许孩子有与自己不同的想法、情感及外在行为；
> - 孩子可以设定自己的目标，并以自己的步骤朝目标迈进；
> - 孩子无须通过回应父母的期待来设定自我发展的方向；
> - 父母不会通过情绪性的主观看法来界定和控制孩子；
> - 父母不会因为孩子学习成绩不好，就认定孩子没出息、不聪明；
> - 父母会表达自己的不同看法和观点，但不会通过过度的家庭情绪压力强迫孩子接纳自己的观点和看法；
> - 父母可以接纳孩子的不良情绪与情感，帮助其消化不良情绪；
> - 父母会帮助孩子从小学会觉察自己的情绪，并掌握一定的情绪调节策略来使其理智引导系统发挥更大的作用。

其次，专栏 4-1 "情绪分化良好的家庭示范性做法" 能帮助青少年逐渐实现从家庭中分化出成熟自我，这样就会拥有一定的处理人际关系的成熟度，能在保持独立自我的情况下与同伴、老师友好相处，也就更有能力与手机友好相处了。

## 父母要学会成为孩子的情感"容器"

我们在原生家庭中习得的相处模式，往往是我们一生中与家庭以外的关系相处的基础模板。因此，要改善青少年与他人之间的关系，提升归属能力，最核心的是要回归到家庭关系中。

父母要有意营造一种良好的家庭氛围，让这个家成为可以消融孩子难以忍受的负性情绪与情感的"容器"，这样孩子就会构建与这个世界的信任关系。

英国精神分析学家威尔弗雷德·比昂（Wilfred Bion）在他的容器理论中提到了双臂环绕的感觉。婴儿需要从母亲为代表的主要照料者那里得到容器般的安全感，能够不管孩子的冲动或破坏性如何，孩子依然能够完好无损地待在那里。

比昂认为，每个人的情感体验都有可以忍受以及无法忍受两个部分，他把可以忍受的情感体验部分称为 α 元素，也就是图 4-2 中左下半圆横线表示的部分；把无法忍受的情感体验称为 β 元素，即图 4-2 中左上半圆部分的黑点区域。对一个个体来说，可以忍受的情感体验 α 元素的比例越高，这个人的情绪成熟度越高，心智化水平也越高，也就更能够在不牺牲自我的前提下，与他人良好相处。

作为青少年成长过程中最为重要的影响者，父母要学会成为孩子的"容器"，帮助他们将无法忍受的情感体验 β 元素转化为可以忍受的 α 元素。

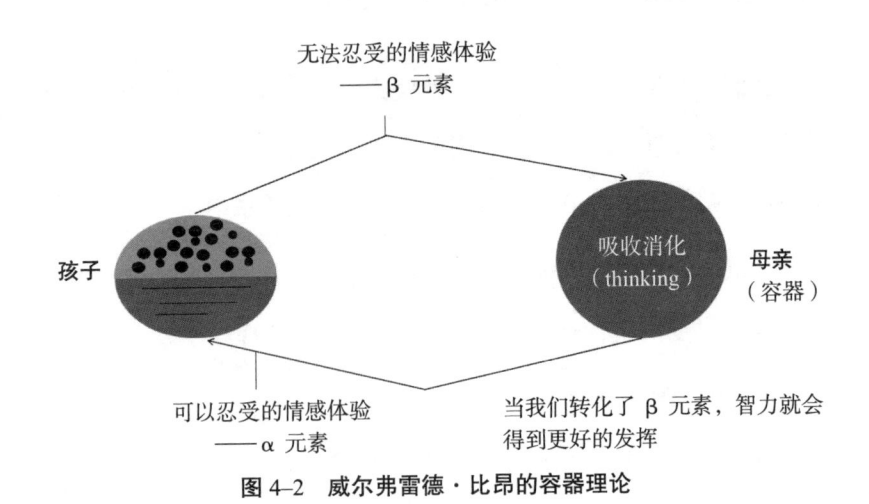

图 4-2 威尔弗雷德·比昂的容器理论

## 对孩子无法忍受的情绪体验进行命名

以母亲为代表的重要照料者要为孩子提供"容器的功能"的意思是指，如果孩子将不可忍受的情绪元素投射到母亲身上，母亲将其吸收消化（thinking），也就是懂得孩子可能发生了什么，并将消化过的内容返回给孩子。返回的方式就是对那些无法忍受的情绪体验部分进行命名，被命名了的非理性的部分便有了理性的成分。

假设，一位母亲按照约定没收了孩子的手机，孩子出现了暴躁、愤怒等无法忍受的情绪体验。这位功能良好的母亲虽然是按照与孩子的约定没收了他的手机，孩子应该理解并要接受约定的后果，但这不代表孩子不会产生糟糕的情绪体验。就像驾驶员开车闯了红灯就会被罚200元一样，虽然被处罚是应该的，但驾驶员因不小心闯了红灯还是会有不舒服的情绪体验。因此，此时父母"容器的功能"就是允许和接纳孩子出现这些糟糕的情绪体验，同时恰到好处地回应这种情绪。在孩子暴怒的当下，父母先不接招，记得前面讲过问问自己能不能拿到结果，然后"管住嘴，迈开腿"，等各自冷静下来之后父母再跟孩子对话，帮助他对他那一刻的情绪进行命名：

我按约定没收了你的手机，即使你知道妈妈这样做没有错，但还是会很难受，对不对？那是不是又愤怒、又无奈、又不舍……因为你正玩得高兴，此时停止肯定会不太适应，我们可以商量下，下次怎么处理这种情况更好些。

可以忍受的 $\alpha$ 元素的比例增多，青少年因此心智越来越成熟，对他人的情感依附减少，分化程度也能提高，自然也就能够较好地与所在群体中的他人友好相处。

而现实生活中，父母常常会被情绪引导系统掌控，往往不仅不能消融孩子的坏情绪，而且孩子的坏情绪很可能会进一步激发父母的坏情绪，包括现实生活中的各种不如意带来的压抑，那一刻父母就会无法抑制地将这些情绪全部疯狂倾倒给孩子。例如在一个案例中，妈妈命令她年幼的儿子必须站着不动，对他大发脾气，不允许孩子动一下，也不允许他哭一声，甚至会将他抱到床上，用她那焦虑、同时衣着暴露的身体紧紧地困住他，发泄痛苦和愤怒。那么，这个孩子也会不自觉地学习这种方式，去对待他以后会遇到的其他人。

因此，作为孩子重要的养育者回到自身、找回自己，发展出成熟的情绪能力有多么重要。

## 父母要改变与孩子的互动方式

我一直提倡的另外一个理念是：要想给青少年带来积极影响，作为他们的重要他人，父母要不断地先回到自己身上，发展出更健康、更成熟、分化程度更高的自我，从而改变与青少年相处时的互动方式，让自己拥有成为青少年有功能的"容器"的能力。如果父母能先改变与孩子的关系，孩子自然会将与父母相处时更为成熟的体验，无意识地迁移到与其他人的关系当中。

有意思的是，虽然关系是双方的事，但似乎改善关系却可以从单方面着手，可以先从自我着手。

由此可见，要求孩子改进似乎很难，甚至没有必要。但父母可尝试提高自我分化，用更成熟的方式与孩子相处，担负自我改变的责任，哪怕任何很小的一部分都会触动孩子，并引发他们也用相同的方式来回应父母。

## 案例分析

### 被同学排斥的王同学

王同学，女，16岁，某所国际高中高一学生，本来有个玩得比较好的同学群，自己也不知道怎么就被群里的女同学集体排挤了。一是可能因为一些误会，同学 A 在群里公开辱骂了王同学；二是一直玩得比较好的同学 B 拉黑了她；三是朋友 C 也开始冷淡王同学。群里一些同学都觉得王同学太黏人了，有时有种被侵入的感觉，很不舒服。而王同学自己非常在意好友的微信短消息有没有及时回复，如果没有及时被回复，就一直挂念着这件事，自己发的朋友圈也特别在意关系亲密的几个同学点赞了没有。本来就那么在意同伴看法的王同学，一下子好朋友 A、B、C 都不理自己了，不禁慌乱起来，主动找 A、B、C 同学和解，一遍遍解释自己不是她们认为的那样。但似乎越解释越麻烦，王同学逐渐心态崩了，不仅上课无法集中精力，作业也多是应付，学习成绩开始下滑。王同学越发觉得难受，回到家里就把自己关在屋里，一个人待着（开始产生社交退缩行为）。

在学校里，王同学开始经常一个人待着，有时会莫名其妙地流泪。因为老是想着和这几个同学的关系，精神内耗严重，感到很疲乏。本来周末王同学喜欢约朋友外出，现在也无法成行了。实在没办法，王同学被妈妈带到医院检查，被诊断为中度抑郁。随后，王同学把这个事情告诉了同学 B，以此希望得到同学 B 的怜悯，但是并没有挽回她们的关系,王同学沉迷在手机中的时间也因此变得越来越多(需求补偿行为,习得需求逐步升级)。

我们通过王同学的案例可以看出,王同学和大多数青少年一样,在青春期这个特殊阶段,联结性驱力还在发挥着主要作用,与同学之间的联结和亲密友谊,以及被同学接纳、理解和认同是心理获得新鲜氧气、获得活力的主要源泉。因此,一旦被同伴排斥、关系又无法挽回后,他们就会觉得烦闷不堪。此时就像所需的新鲜氧气被迫断供一样,他们的内心就没有了足够的能量来供给学习,自然精力无法集中,心思无法聚焦在学业上。而他们觉得该做好的事情没有做好,内心的恐慌又会再一次被加剧,心理失调和崩塌现象自然就会来。

针对王同学,我的咨询工作重点是采用"情感容器"的原理,不断聆听及回应王同学的内在感受(深度共情),帮助她慢慢把心中这团乱麻理清楚,再结合她和同学A、B、C之间的错综复杂的关系,让她认清联结性驱力和个体性驱力这两种驱力的区别和联系,帮助她认识到,人与人之间关系的独立与成熟依赖的互动之间的转化是建立长期友谊的关键,慢慢帮助她学会觉察到自己的情绪和情感,逐渐掌握如何用理智引导系统来调节自动化产生的烦躁、不安,使得这种情况出现时,可以主动进行自我调节,先把注意力集中到眼前要做的事情上,尽力做好眼前能把控好的事。同时,我与王同学的父母进行深入沟通,调整他们和王同学之间的互动模式,提高他们的情感容器能力,助力王同学逐渐提升自我分化能力。

王同学后来说："老师，我发现我不仅能做好自己，而且又不过度强求别人，不知不觉中我和同学A、B、C的关系回到了从前。我的抑郁症状也逐渐消失了，心思也能更好地放在准备申请理想大学上面了。"因为回归到正轨的日常生活，手机的使用自然就从补偿性沉迷变成工具性的积极使用了。

看吧，解决归属感问题才是让王同学由手机沉迷转变为积极使用的良方。

第 5 章

自主感培养

第5章 自主感培养

自主感之所以对青少年的发展如此重要,是因为自主感是个体内部动力激活的关键。美国心理学家亚历山大·尼克斯(Alexander Nix)等人的研究结果表明,只有当个体体验到自主感(这件事我做主、符合我的心意)及个体有能力(我可以把这件事做好),才能增强其内在动机,并能感受到其生命的活力。

与此同时,爱德华·德西和理查德·瑞安发现,当个体越能自主地安排自己的人生,有自己稳定的内部价值体系,更清楚自己想做什么、不想做什么、自己更适合干什么时,就越倾向于拥有良好的自我感觉,懂得自我接纳与欣赏(即拥有高自尊),越有可能拥有好的自我发展,并更容易感受到幸福。

要达成这一点,建构自我同一性,清晰自己未来的发展方向最为重要。

## 建构了自我同一性,动力自然就来了

按照心理学家埃里克·埃里克森(Erik Erikson)的人生心理发展的八个阶段理论,青少年期最为重要的发展任务是建构自我同一性,主要是指青少年能明确以下三个问题:(1)我是谁?(2)我的价值是什么？（3）我选择的未来生活方向是什么？

这样自己的所作所为有明确的理由，对自己的行为负责，最重要的是不轻易被身边的人或周围发生的事所左右，能够更好地坚持自我，即拥有稳定的自我感，这也是个体心智成熟度高的一种表现。

记得我上初二的时候生了一场病，突然想明白了自己想过怎样的生活、害怕过什么样的生活。那时内在小宇宙一下子就爆发了，学习成绩由原来的中等偏下一下子冲到了班级前三。到后来我考上了理想的大学，再继续深造读硕士研究生、博士研究生，我一直都有一股很强大的内在动力在牵引着。我想那个就是我们每个人天生就有的生命的种子。

教育的核心是"育人"，"育人"的核心是"播种"，而"播种"的核心是引领孩子们明确"我要成为一个怎样的人，成就一番怎样的事业，以及过什么样的生活"，也就是要建构自我同一性发展任务所需要回答的三个重要问题。

那么，如何才能帮助青少年由迷茫的状态转变为能清楚地回答上述三个问题呢？在孩子的青少年期，父母和老师可以从以下三个层面着手。

## 情感关怀是基石

如果青少年能感受到来自父母和老师的温暖，以及能获得足够自由交流的空间，他们就会得到情感的喂养，此时他们的内心就拥有了探索的意愿和力量，也就能开启生命本有的探索和向上发展的智慧，并引领他们逐渐找寻到自己内心深处向往的生活的方向，自我同一性自然也会得到较好的建构。因此，作为父母和老师，要做的是多关心青少年的内心感受，多关注他们的情绪变化，多帮助他们学会和自己的内心感受相处（在情绪和情感层面工作），减少简单粗暴的说教（在认知层面工作）。

### 恰当和必要的疏离是助推器

青少年时期是人一生中的第二个"断乳期"，此时的"断乳"是一个心理上的象征，代表着与父母在心理层面上的分离。因此，父母此时与孩子保持一定的疏离，给他们留有在成长的过程中"自然起伏"和处在"一地鸡毛"时独处和独自面对的"过渡性空间"。而作为父母及老师，需要"耐受"青少年在日常学习及生活管理中会出现的一段不堪的"迷茫"以及"混乱时期"。这一点其实说起来容易，做起来难，作为父母及老师要经常性自我觉察，力争做到以下几点。

- "少说"：将自己与孩子交流时教育性的言语要减少三分之二。
- "少做"：时刻觉察，不要把自己放在孩子的位置上，不要为他的学习及该承担的责任过度担忧，且参与度要减少三分之二。
- "多关怀"：有意识地观察孩子的情绪变化与情感状态，并给予回应，如"看起来你今天很高兴呀，发生了什么事吗""你看起来今天情绪不高啊，愿意跟我说说发生了什么吗"，然后就是聆听，以及共情性地回应（回应情绪，如"发生这样的事情，你是不是感到很委屈"），将这些言行增加三分之二。
- "保持距离"：与孩子保持一定的物理及情感距离，允许孩子有自己管理学业、日常事务以及调节自己情绪的空间和时间，也就是一旦你们发生冲突时，允许他出现愤怒、难过、情绪低落等相应的反应，允许他采取把自己锁在房间里等以保留自己独立的生活空间的方式。

## 良好同伴互动及丰富的社团活动是催化剂

老师和家长可以有意识地为孩子多创造一些与同伴互动的机会及空间，让他们在互动中更大范围地表达自己的所思所想，这样他们的思维宽度和广度都会变得不同。

同时，孩子与同伴间建立起的友谊，可以让他们在情感和归属需求上得到满足，并在与同伴交往的过程中发现对方身上值得自己欣赏的做法和观点，这样使他们更容易清晰地定位自我发展方向。

丰富的社团活动也会起到类似的作用。有个孩子就曾经跟我分享：

老师，您知道吗？我今年参加了一个全国性的夏令营，结交了很多来自不同城市的同龄朋友，在同他们的交往中，增加了不少我对世界的新的认知，扩展了我看世界的视角，萌发了对未来人生更大格局的思考。同时，也颠覆了我原有对学习及升学的认知，我从中慢慢找到了一些我未来想从事的职业方向。这种感觉好极了。

家长及老师们也可以通过刻意练习专栏 5-1 里的魔术话语，并找准时机在孩子愿意听的时候与其沟通。这些都是我和青少年开展工作时，最好用的沟通魔术话语，能很好地在青少年心中播下"思维"的种子，将来会在合适的时机发芽。

---

**专栏 5-1**

### 促进青少年自我同一性建构的魔术话语

家长和老师可以采用以下魔术话语来帮助青少年建构其自我同一性。

1. 思维播种："你长大了想过怎样的生活？想成为怎样的人呢？想从事什么工作呢？这三个问题可能在你一生的不同阶段均会涉及，如果还没想清楚也没有关系，只要带着这些问题去生活、去观察，慢慢就会有所体悟的。"

2. 以人为镜："你可以有意识地去观察生活中你接触到的成年人，他们身上的品质、为人处世的方式有哪些是你自己喜欢和向往的，哪些是自己不喜欢的？在这些生活原型中去发现自己想要成为的样子。"

## 自主感培养的关键

很多家长问我:

为何我的孩子在您面前与在我们面前呈现出的样子是不一样的？为何您同他咨询了一段时间，他的活力就被激活了，眼中开始有光了，而且对自己的学习也越来越上心了，学习的主动性大大提升了？您到底对他做了什么？可不可以教教我们？

下面的三个自我以及两个积极因子就是上述问题的答案。

### 三个自我

我们每个人每天都有三个不同的自我跟随着我们，这三个自我分别是认知性自我、体验性自我和观察性自我（如图5-1所示）。学会区分及善用这三个自我是我们达成自我成长及改变的关键，而我们越早影响孩子学会应用这三个自我，孩子将越早拥有自主感，也更有可能顺利地发展，有所成就地幸福生活着。

#### 认知性自我

认知性自我指的是自我意识的认知层面，是我们头脑理性及思维层面对外界的人、事、物以及自我感知的认识，也包括通过学习新的知识、新的概念以及新的技能整合我们大脑中原有的经验元素，在大脑中搭建新的图式，来达到提升认知性自我的目的。

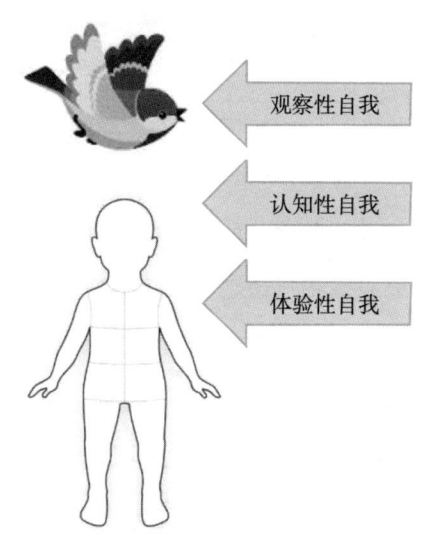

图 5–1　三个自我示意图

认知性自我开展工作时，通常会激活我们的大脑前额叶。举例来说，家长和老师们常给孩子"摆事实、讲道理"，试图影响到对方，就是在认知性自我层面开展工作。

**体验性自我**

体验性自我指的是自我心理感受层面，更重要的是对外界所发生的人、事、物在心理体验层面所产生的一种相应的情绪与情感感受。因此，通常体验性自我会伴有情绪和情感的激活，而激活的是掌管长时记忆的海马体的相应脑区。因此，一旦触动青少年在自我心理感受层面产生变化，这种影响往往是深远的。例如，有的家长在阅读本书后，能学会用新的回应方式与孩子进行交往，孩子就会在交往的过程中感受到新的体验，产生不一样的心灵触动，此时他就会在体验性自我层面发生改变，这带给他的影响将是深远的甚至终生难忘的。

我的父亲就是一位能在体验性自我层面影响孩子的智者。他在我小的时候就一直很善于聆听我的想法，并且尊重我发自内心的声音，极少在生活中给我灌输他的思想及价值观，他给我更多的是情感关怀及人格尊重。记得上初中时，我不小心把嫂子陪嫁的永久牌自行车弄丢了，当我心中充满害怕、内疚及自责等多种复杂的情感体验鼓起勇气告诉爸爸时，爸爸仅用一句"看来那把锁不够结实，下次我们买一把更结实的锁锁车就行了"，给了那时的我无限的抚慰。

我父亲的这种在体验性自我层面对我的回应和对待，使得我在成长过程中遇到各种困难时，都无形间内化成一句自我内部语言："没关系，我一定能找到解决办法的。"正是这句话，使得我有勇气面对我成长中遇到的各种困难及挑战。

### 观察性自我

观察性自我主要指的是对自我的觉察，对自己做到以及未做到的所产生的心理变化、所产生的身心反应及行为结果有所觉察。也就是跳出自我的框架看见自我内心的体验（体验性自我），以及自我脑中的想法（认知性自我）。

观察性自我又被称为"小鸟俯瞰技术"，即好像有个智慧小鸟在我们的头顶上一直跟随着我们，能够看见我们的心理感受、身体感受以及脑中想法（如图 5-2 所示）。有时仅仅启用观察性自我，而不用做些什么，对自我就能起到"疗愈"作用，好像给自己的身体和心灵插上了充电器一般。

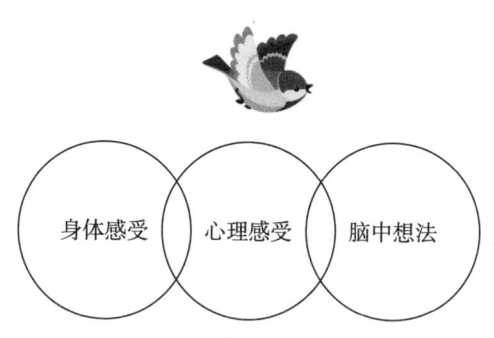

图 5-2　小鸟俯瞰技术示意图：观察性自我

观察性自我不仅可以发生在个体内，也可以出现在主体间（人与人的交往之间）。在心理咨询中也有一个"自由悬浮注意"的说法，指的是咨询师与来访者工作时，要带着对来访者以及自我心理内部状态的觉知，以此来理解来访者发生了什么。家长和老师们可以在和孩子沟通时，有意识地去觉察在沟通交流的当下自己心里的感受以及孩子当下的感受，并及时调整自己回应孩子的方式，以达到真正影响他的目的。也可以在恰当的时机，教给孩子如何使用"自由悬浮注意"来学习与人更融洽的交往。

## 运用三个自我来培养自主感

家长及老师们可以按照以下三个步骤，灵活运用三个自我来培养青少年的自主感。作为日常和青少年相处的重要他人，重要的不是教给青少年如何去做，而是让他们通过"内射"的心理加工机制来自我关照、自我调适，以增强自主感。

第一步，让观察性自我的小鸟常伴自我左右，经常性地关照到自我的内在心理状态、身体状态以及脑中升起的各种念头，看见即会产生调整。

第二步，用体验性自我去觉知自己在日常生活中经历及体验，来感知：

- 什么会让自己心的力量增强？
- 什么会不自觉地让心产生好奇及向往？
- 什么会点燃我们生命的热情？
- 什么是我们的心之所向？
- 什么会让我们感到灰心、失望？
- 什么会让我们失去活力？
- 什么会让我们感到身心俱疲？

我们外界接触到的人与事以及我们由此产生的心理感受，是我们每个人认识自我及发现自我的通道。这样，我们慢慢就会找到我们心之所向，一旦我们所做的事与心之所向保持一致，我们就会拥有无限的生命能量，创造出想象不到的生命奇迹；同时，也会因为自主感的提升，我们能够按照自己的心意而活，而产生源源不断的生命动能。

第三步，用认知性自我不断地进行自我关照及自我调适。

无论是孩童抑或成人，生命中不可避免会出现多种"身不由己""无能为力"的生命境遇。比如，很多高一的学生在适应高中严格、程序化、学业又繁重的住校生活时，就会有种非常想逃离这种环境但又逃离不了的感受。这就像我们成年人有些时候明明不喜欢手头要做的事情、从事的工作，可为了生存又不得不做。这时就可以用认知性自我与自己对话，从而进行自我调适。

一是觉察感受：看见自己的感受，表达自己的感受，接受自己的感受。

这是让自我调适产生作用的最为关键的一个环节。如果我们无法穿越情绪及情感，是无法获得认知的改变或价值观的更新。因此，要让自我对话产生作用，也必须要穿越搁浅在中间的情绪及情感的"河流"。

二是认知重评：化被动接受为主动选择。

用认知性自我进行以下内心独白：

目前的境遇我能左右的是什么？我可以选择不做吗？我现在之所以仍然还心不甘、情不愿地做着，没有选择放弃，是因为我从中得到了哪些我想要的？抑或我如果不做，害怕会发生什么不好的、我不愿意面对的后果？因此，目前的境遇看似被动，实际上也是我主动选择的结果。之所以主动选择是因为：第一，目前暂时没有比这个更佳的选择了；第二，我从这个选择中也获得了好处，如多少都有一份收入，还有不用去面对失业的恐慌，我既然已经获得了这些好处，我就要承受其中我不愿接纳及不喜欢的部分，因为这两者是伴随产生的。我现在还可以在当前境遇的基础上做些什么，可以让自己未来更有可能拥有不同的境遇？找到了然后去做即可。

经过以上认知重评（重新评估及看待眼前所发生的事），你的心智模式就会得到升级，因此就达到了自我调适的目的。因为明白了"看似不情愿，实际上也是自己主动选择的结果"，自然自己心中的感受也会由此产生对应的改变，原来的心不甘、情不愿的抵触心理也就自然会转变成积极主动地去适应。

三是为所当为：将精力聚焦在能够改变当前境遇的外在行为上。

只有经过了前两个环节，自然地就能来到第三个环节。如果跳过前两个，粗暴地想完成第三个环节的目标是达不到你想要的效果的。

只有家长和老师体验过以上三个环节来进行自我调适，才能真正引领青少年逐渐做到。

**善用两个积极因子**

除了善用上面的三个自我，家长和老师还可以通过两个积极因子来培养青少年的自主感。这两个积极因子分别是自我意识情绪和矫正性情感体验（如图 5-3 所示）。

图 5-3 两个积极因子

### 自我意识情绪

通常，我们大家都有过类似的体验：无意识地刷短视频或追剧，如果长时间欲罢不能，该干的事情没有干，事后我们通常会内疚或自责。如果我们善用了这种情绪感受，就可以引发我们的自主调适系统，让我们尽快地重新聚焦到要做的事情上面。此时产生的情绪就是自我意识情绪，它是一种有自我参与其中的情绪。

自我意识情绪对我们人类的行为具有显著的自我调节功能。在进行社会活动时，当我们所做出的行为违背了社会的规则或自己内部的规则时（如青少年过度使用手机、作业没有及时完成或犯了什么错误），此时我们就会不自觉地产生内疚、自责、羞愧、尴尬等自我意识情绪。这些自我意识情绪能够帮助我们识别和改正我们所犯的错误，从而对自己的行为做出调控。大量的研究表明，自我意识情绪在调节和激发人类思想、情感和行为中均起着重要的作用。

因此，保护青少年的自我意识情绪，可以有助于他们逐渐建立较强的自我调节功能，从而增加他们的自主感。

通过自我观察我发现了一个非常有意思的现象，我想类似的感受肯定大家都有过：

有时在家"刷剧"刷得久了，此时其实心理已经不舒服了，也就是自我意识情绪已经被激活。虽然可能仍然自控失败再多刷一会儿，但如果这个过程没有人干涉，我还会一边刷一边继续难受，到了一定程度我就会做出"自我调节行为"，强迫着自己停下来。通常我采用的方式是直接看电视剧最后一集，或者直接看电视剧剧情介绍，甚至把手机视频的 App 删除等。

但如果此时有家人气势汹汹地来管我，我就会不自觉地开启自我保护防御系统。接下来，我很有可能会把心中因为自我过度"刷剧"产生的不良自我意识情绪转向家人，出现了心理学上常见的"转移攻击"现象，由"自我攻击"转向"攻击他人"。这时，我可能会破罐子破摔——"你不让我刷，我偏要刷，我要你管啊"，此时就不自觉开启了"争夺自主权"之战。

因此，当孩子犯错误或做不到时，家长先不要急着批评他，要有意识地来保护他已经产生的自我意识情绪，或者干脆相信孩子，别着急干预。家长也可以用下列的回应魔术话语。

- 我知道你也不想这样，又没忍住吧？我有时也会这样，可以试着原谅自己，赶紧干你该干的事吧！

- 虽然我看到你没完没了地看手机，我真的很火大，但一想到我状态不好时也会这样，就消气了。你有什么需要我支持的吗？
- 这次手机使用时间超标了，这是难免的，手机的诱惑太大了，有时连我们成人都控制不了，何况自我管理能力还没有完全发展成熟的你们。没关系，多用的时间以后从规定的时间内扣除就行了。我知道你肯定不情愿，那也没办法（温和而坚定地维持规则）。

有家长或老师可能有这样的疑问："您说的这个我做不到，到那个情境里腾地一下火就来了，哪里还控制得住啊，管他三七二十一，先骂一顿再说。"我的回复是："如果真的有效，你可以继续；如果没有效，你需要有意识地给自己按下'暂停键'，不要被自己的无意识习惯化反应所控制，你可以刻意提醒自己'遇到这种情况既然以前的招数没有用，我换一招试试'"。

还有的家长会觉得："这不是帮着孩子找理由和借口吗？会不会把他惯坏了呀？"如果你有这样的担心，可以在这样回应的基础上，加上让孩子承担你们约定的后果。

**矫正性情感体验**

矫正性情感体验是心理咨询中对来访者产生帮助及影响的一个很重要的疗效因子。以孩子玩手机玩得过度了为例，家长以往的做法是直接用批评、指责的方式来管教他，我们把这个部分称为"旧的经验元素"。现在通过学习上述自我意识情绪的部分，家长逐渐学会了用"新的经验元素"来回应孩子,此时在家长与孩子的交互过程中就会产生一种新的情感体验。他感受到了被懂得以及被理解,或者家长内在的感受被镜映到,从新的回应方式里孩子获得了新的情感体验,这种情感体验与以往他被粗暴对待的方式截然不同,这本身就会对孩子有治愈的意义。

身心语言程序疗法中同样强调了"用新的经验元素替代旧的经验元素",对促进个体发展自我的重要性,该疗法也是从不同的视角强调产生矫正性情感体验的重要性。在现实生活中,如果我们与某个重要他人(如我们的师长、领导、亲人)发展出了的一段关系,在这段关系中,这个重要他人情感的回应方式与给自己带来不好体验的父母双亲截然不同,也一样能够带来矫正性情感体验,那么这个重要他人对我们来说就具有治愈意义。通常,我们把这类重要他人称为我们生命中的"贵人"。

家长和老师们从本书学到新的知识的一个重大意义就是,学会了用不一样、新的经验元素来对待再此出现的日常生活情境,此时就会创造出不同于过去的新的情感体验,从而给青少年带来成长与变化。

## 让青少年学会延迟满足

在心理学上,延迟满足是指个体为了获得更有价值的长远结果而放弃即时满足的抉择倾向，以及在等待中表现出的自控能力。我们先来看一个有趣的棉花糖实验。

美国斯坦福大学心理学教授沃尔特·米歇尔（Walter Mischel）设计了一个著名的关于"延迟满足"的实验。研究人员从斯坦福幼儿园找来数十名四岁左右的儿童，让他们每个人单独待在一个只有一张桌子和一把椅子的小房间里，桌子上的托盘里放有这些孩子爱吃的棉花糖。研究人员告诉他们可以马上吃掉眼前的棉花糖，但是只能吃一颗，也可以选择等15分钟，研究人员回来后再吃，这样就可以再得到一颗棉花糖作为奖励，即吃两颗，如果等不及可以选择按铃。结果，大多数的孩子坚持不到3分钟就放弃了，大约三分之一的孩子成功延迟了自己对棉花糖的欲望，他们等到研究人员15分钟回来兑现了奖励。

米歇尔追踪这些孩子到成年，发现当年马上按铃的孩子无论在家里还是在学校，都更容易出现行为上的问题，成绩分数也较低，他们通常难以面对压力、注意力不集中，而且很难维持与他人的友谊。而那些可以等上15分钟再吃糖的孩子在学习成绩上比那些马上吃糖的孩子平均高出210分，也能与他人建立更良好的人际关系。也就是说那些善于调控自己的情绪和行为、能延迟满足的孩子，拥有更好的心理健康水平和更大的成功机会。

由此看来，这种"延迟满足"的自我控制能力对孩子的未来发展有多么重要。

值得高兴的是，米歇尔发现这种重要能力是可以通过教育成功培养出来的。那么，有哪些途径可以帮助孩子提高自控达成延迟满足呢？

**转移注意法：寻找更多替代选择**

米歇尔通过对那些等待成功的孩子们行为的反复观察发现，那些能够成功通过上面的棉花糖测试的孩子，其实是使用了转移注意的策略来降低棉花糖对自己的诱惑。例如，他们不会一直盯着棉花糖，而是采用捂住眼睛、玩捉迷藏或是唱歌等方式转移自己对棉花糖的注意，他们对棉花糖的渴望不是消失了而是暂时被搁置了。

那这样的方法如何成功迁移到抵制其他诱惑（如手机带来的诱惑）上呢？也许接下来的案例能够给我们带来启发。

一位妈妈发现，自己的孩子主要是用手机和同学一起玩网络游戏，每次玩起来就很难停下来。妈妈本人非常爱学习、爱思考，她之前上过我的一些课程，明白在遇到问题时不要着急"付诸习惯性的无效行动"，而是采用我所讲授的"一停，二看，三思考，四行动"方式，先觉察以及抑制自己急着按照"老办法"一味地控制孩子玩游戏的内在冲动，停下来，观察孩子，分析孩子的需求，思考能用什么方法可以把孩子的注意力从游戏上转移到更益于他健康成长的地方。

她是怎么做的呢？那就是降低自己的心理身高，放下身段，向孩子求助，让孩子多帮忙用手机解决现实生活的问题。

- "宝贝，现在网络太发达了，那么多新鲜的东西都出来了，妈妈很多都不太明白，你能不能帮帮妈妈？"
- "我们接下来要去旅游了，你来定行程吧，机票和酒店什么的也靠你了，妈妈听说有民宿啥的很不错，你来安排吧，我们都听你的。"
- "爸爸想吃红烧肉，你可以帮我查查看有什么好的菜谱，我们来学着一起做给他。"
- "对了，我们家要装修了，你看这个房间怎么设计，你能不能提提你的意见，妈妈也不太懂。你们年轻人学东西快，你看看网上有没有你喜欢的样板，我们来参照下，妈妈知道你眼光好。"
- "对了，爷爷的生日就要到了，你看我们给爷爷买什么礼物啊，有没有新鲜玩意啊？你们年轻人知道的新鲜玩意多，不行就问问你同学，给爷爷整个惊喜。"

这位妈妈找的方法既防止了孩子过度沉迷在"游戏"单一功能上，又提升了孩子解决现实问题的能力，增进了亲子关系。

青少年阶段一个重要的发展任务：在心理上与父母分化（又称为心理的断乳期），要发展成越来越像成人一样拥有独立自主的思想，凸显自我的独一无二性。因此，这个年龄阶段所谓的"叛逆"不一定是不好的，但如果父母处理不当，反而阻碍了青少年的健康发展，形成了"你不让我玩，我偏要玩""你想让我学，我偏不学"

的对抗行为。

这个时候，青少年需要父母把心理身高降下来，与自己像"同伴"或"家庭合伙人"一样相处。具体做法详见专栏 5-2。

专栏 5-2

### 如何降低心理身高，提高孩子自主意识

家长可以采用以下的方式来提高孩子的自主意识及效能感。

1. 选择示弱，提升青少年的"有能感"。不断向孩子"示弱"显示自己"无能"的一面，反而更能托起青少年的"有能"。比如那位妈妈说的"妈妈不懂，你们年轻人学东西快，点子多"，凸显孩子在家中的位置，及对家庭日常事务处理的不可或缺性，让孩子感到自己有价值、有担当，孩子的自信和自尊会因此而提升。

2. 邀请参与家庭决策，激活青少年自我发展的动力。家中的各种决策（如爷爷生日会、装修等）多征求孩子的意见，多向孩子说说家里发生了什么、父母工作发生的事情尤其是不好的事情（爸爸这样做更有帮助）、遇到的麻烦，有助于孩子了解真实世界的复杂性以及父母看问题的局限性，从而激活孩子向上发展的动力。

3. 鼓励青少年为家庭付出，培养家庭责任感。这个时候鼓

励孩子多为家庭付出，学会如何用实际行动经营家庭成员间的关系，让家庭生活更美好，学会爱家，未来他才有可能组建和谐幸福的家庭。

## 变"即时满足"为"延迟满足"

其实，延迟满足能力是可以在孩子日常生活的点点滴滴中培养出来的。日常生活中我们和孩子之间经常有以下的场景。

孩子在快到吃饭时间时说："妈妈，我想吃个冰激凌（诱惑，想即时满足），可以吗？"

一般妈妈的回应是："不可以，马上就吃饭了，吃了冰激凌，哪还有肚子吃饭啊？"

学了这部分内容后，你可以采用延迟满足的回应方式："可以，不过我们要等一等（延迟满足魔术话语），吃完午饭后可以吃，妈妈相信你可以等一等，你可以先去玩会你喜欢的玩具或看会书吧，这样也许就没有那么想了（教给孩子使用策略）。"

这样的方法还可以延伸到很多场景："可以玩我的手机，不过我们要等一等，等你完成作业后，就可以好好地奖赏下自己（让孩子学会自我奖赏），爽爽地玩上 20 分钟。现在你可以一边哼着小曲一边写作业，也许就没有那么枯燥了（教给孩子使用策略），爸爸妈妈相信你可以等一等，再坚持一会（延迟满足魔术话语）。"

重要的是，如果家长经常在生活中用这样的方式与孩子对话，在孩子的内部心理语言系统中就会发生置换，把"你"置换成"我"，孩子在即时满足和延迟满足之间，会使用延迟满足魔术话语"我能等一等，我可以等一等，可以再坚持一会儿"来学会自我调节，达成延迟满足，更容易获得成功。

**在孩子做不到时父母怎么办**

真正提升我们自控的关键是：在面对做不到的时候，我们做了什么？

通常我们面对做不到时，会自然产生自我意识情绪，如内疚、自责、自我感觉很不好。这个时候很容易产生"我不好"的内在认知，这不仅会消耗我们的内在心理能量，而且让我们回避"做不到的事"，而不是迎难而上。

孩子也一样。如果此时，父母再指责他："你怎么能这样，都跟你说了，让你写完作业再玩，你就是不听，看作业拖到了最后一刻，你活该！"孩子不仅容易叛逆反弹："关你什么事，你也没做多好！"而且连他的自我意识情绪也"消失了"，那家长就太不划算了。

此时我们可以教给孩子自我管理的语言对话模式，帮助其提升自我管理能力，达成自控：

孩子，我知道你也不想拖到这么晚，只是我们控制不住自己，抵制不住玩的诱惑。没关系，慢慢来，做不到也很正常，关键是我们想一想，接下来我们可以做些什么。我相信我们不断思考总结，一定会想到解决的办法，通往做到。

这里需要家长、老师和正在成长中的青少年注意的是，即使你知道了这么多有用的方法，回去要做到还是需要一个漫长、起伏的过程，因为这是类似"教你如何会游泳"的陈述性知识，但真正下水游是一个需要践行、体悟、反思，再践行的过程。

父母要允许自己的孩子暂时还做不到，只要孩子偶尔做到了父母就要当成"惊喜"来看待："哇哦，你居然做到了！"这样孩子才真正走在通往做到的路上。改变是润物细无声的过程，只要孩子坚持，那个与众不同的他就在不远处等着你。

## 帮助青少年学会自主管理的三个法则

自控失败，也就是管不住自己去做该做的事，被冲动驱使去做了不该做的事，这是青少年乃至成人最为普遍的烦恼。是否能够自控成功、成为自律的人，却是我们每个人能否达成目标、实现自己想要的人生计划的关键，也是区分孩子是否成绩优秀、能否在同龄人中竞争获胜、考取理想大学的关键中的关键。

怎么样做才能帮助青少年开启自控模式，帮助他们学会更好地自主管理呢？首先，我们需要知道我们每天的心理能量都是有限的。

那我就先来为大家讲讲有限自制力理论。这个理论说的是，我们每个人每天的心理能量就像我们的手机电池一样，是有限的。当我们白天要做一些需要付出意志努力的事情，如上课努力听讲、搞懂不会的、学习一些有难度的知识的时候，均需要消耗我们自身的自我控制的资源（简称"心量"），当我们的"心量"越充足的时候，自我控制任务表现得越好，这时掌管我们自控行为的大脑前额区会被充分有效激活，让我们越容易达成目标。同时，自我控制的"心量"在一定时间内越用越少，这就是为什么青少年在上午最后一节课的时候，往往上课的效率较低的一个重要原因。

当家长明白了这个原理之后，就可以通过刻意使用以下的法则来帮助自己的孩子开启他的自控模式，建议家长先在自己的生活中践行。下面，我是以说给青少年的口吻来写的。家长可以把这个部分拿给你的孩子看，或和他一起读。

**要事第一法则**

要事第一法则是由美国学界的"思想巨匠"史蒂芬·柯维（Stephen Covey）提出来的。顾名思义，要事第一法则指的是要把最紧要的事情先完成，结合有限的自制力原理，你需要在你的自我控制"心量"最充足的时候，先去完成对你来说最为重要的事。

那么，什么才是最为重要的事情呢？就是那些你做没做直接会关系到是否会更可能接近你想要实现的目标。简单地说，你是抱个西瓜，还是捡个芝麻。

例如，周末安排复习计划时，你需要先思索：

- 这门功课最核心是要提升什么就可以提升自己的学科成绩？
- 这门学科的最为核心知识及解题技巧有哪些？
- 自己目前最需要先掌握与巩固的知识有哪些？
- 我如何在今天先抱个西瓜？

这样做的另外一个好处是，因为你先做了对你来说最有难度、也最为重要的事，这样的行为结果会让你产生满足感及成就感，使你一天都处于一种正性情绪状态当中，而当人们处在正性情绪状态中的时候，自我控制的"心量"会消耗得慢，甚至有些时候因为你全然地投入到要做的事情当中，还会产生"心流"的体验，这种"心流"的体验让你的大脑产生兴奋感及成就感，还能起到"充电"的作用，也就是越学越想学，越学越兴奋，即"乐此不疲"，会使得一天的效率都很高。

要做到要事第一，最重要的是做到以下两点：

- 确定到底什么是今天的要事；
- 确定了，不管自己想不想干，先让身体行动起来，不给大脑思考的机会，立马行动，一旦动起来也就慢慢进入了状态。

要事往往代表着是有一定难度的，其中一定涉及需要学习新东西或创造新东西。当我们第一次接触到新学的知识及创造一个新的东西的时候（如解一道题型不熟的题目），主导这一行为的神经元需要生长出新的突触,并与其他神经元"相遇"。但如果我们反复践行这个行为,神经元就会制造出越来越多的髓磷脂(髓磷脂是神经元外侧的脂质,起到保护和绝缘的作用,能够帮助加快神经传递的速度),行为刺激也会运转得越来越快。因此:

- 第一,要做好"耐受"困难的准备;
- 第二,要允许自己第一次掌握知识的时候不是一下子搞懂,允许一知半解,反复接触多次,髓磷脂制造的多了,再遇到的时候,就不会觉得困难了。因为当我们第一次就寻求对问题的完美解决时,我们往往会因为知道做不到而放弃。

掌握了要事第一的法则,并不断去践行,就逐渐开启了人生的良性循环。

我有一个同事,她本科就读于中山大学,硕士研究生就读于北京师范大学,博士研究生就读于香港大学。现在,她在大学里从事的科研和教学两大核心工作也都做得很好,最重要的是她还有很多的放松和休闲娱乐时间,有自己的很多业余爱好,过着令很多人羡慕的自主的生活。有次聊天,我问她是如何做到既取得了骄人的工作业绩,又有很多时间去休闲和放松的?最重要的秘诀是什么?下面就是她的回答。

上学时,我把学习"很当回事",通常都是一回家稍做休息,马上就把该做的功课都认真做了,该预习的好好预习了,通常周五的晚上已经完成了我的大部分作业。因此,周六日就有很多时间可以干自己喜欢的事,比如看小说。这样,就有了很多正反馈。另外,因为较好地落实了预习和复习,又认真做了作业,所以上课听讲就变得轻松愉快,还能积极正确地答出老师的提问,就得到老师很多的正反馈和好的回应,这样慢慢就进入了良性循环——越学越好,而且还有很多放松时间。

工作时,我会一早起来把一天中对自己最重要的任务先放在前面做了,不仅压在心里的那块石头不见了,而且还有很强的成就感和满足感,这样其他次要的、必须要做的小事和琐事就变得容易多了。

## 及时"充电"法则

既然自控力有限原理说的是在一定时间内,我们的自我控制资源是有限的,那么就如同手机电量一样,消耗后电量是可以补充回来的。就像你只需要找到充电宝、充电插头等充电设备就能让手机及时补充电量一样,做以下事情能及时地帮我们补充自我控制的"心量"。

- 我们熟知的方法:午休+小憩、课间呼吸新鲜空气、喝水、吃富含维生素的水果和蔬菜及高蛋白肉类。
- 与同伴产生社会互动,特别是有情感联结的社会互动(如关心及问候同伴、谈些共同感兴趣的话题、关注同伴的需求),不仅具有减压及充电的功能,而且还能增强我们自己的社会支持系统,帮助我们建立与同伴之间的良好关系。

- 让运动提升行动力。有很多青少年都问我，有什么方法可以真正增强自己的自控力，提升自己的行动力，我所知道的最为有效的方法那就是运动或锻炼身体。有大量的研究都表明，运动与锻炼可以提升不同领域的自我控制能力，可以增大自控的容量。

## 建立条件反射，降低意志损耗

开启手机省电模式，可以帮助减少耗电，我们自己的自我控制资源"心量"也有省电模式，自我控制的"心量"消耗的一个标志是"付出意志努力"。如果你能将每天需要意志力控制的事情改为习惯性的条件反射，那么就相当于开启了省电模式。

我们来看个具体的例子。

木木英语不好，想要提升自己的英语成绩，经人指点她找到了一个有效提升英语成绩的方法：把现有所学的英语课文背诵及默写下来。但是她发现落到实际行动上是困难的，虽然每天制定了目标，但会受到临时发生的事情、自己当日心情及状态的影响不能坚持完成任务，久而久之也就没有了动力。后来，木木学习了如何运用省电模式——环境线索法及时间线索法，果真让自己做到了。

每天早晨6：00（时间线索），坐到书房的一个固定的椅子上（环境线索），开启背默英语模式，英语书及各项辅助文具在前一天睡前就已经准备好了，且书桌上仅放与当前任务相关的资料，其他一切有可能导致自己分心的东西（如手机、漫画书、手办等）全部移到视线之外。

木木给自己定的目标：周一至周五的早晨，一周如能有效做到三次就代表自己完成了目标，也就是给自己安排了两日的机动时间（如有身心状态不好或有突发事件）。

木木发现，在前几周，设定的5：50起床及坐到椅子上就背默英语还需要靠意志来坚持，但后面形成条件反射后就越来越容易了，只要到了时间就自然醒，坐在椅子上就自动开启了英语学习模式。又因每周只要达到三日就算完成目标，会让自己觉得很有希望达到这一目标，目标定得并不苛刻，反而增强了自己行动的动力。

再加上她明白任何学习都有滞后效应，效果不是立马看到的，更是减少了自己看不到变化就放弃的行为，度过前面的艰难时期后，一旦看到效果，就有了正强化的作用，后面就会越来越愿意投入，渐入佳境。再加上爸爸妈妈的督促和鼓励，木木真的在一个学期内将英语成绩从班里的中下水平升到上游水平。

用上述的环境线索法及时间线索法建立条件反射，开启自制力省电模式可以广泛地应用于执行任何一项你想执行的新计划。

第 6 章

# 胜任感培养

# 第6章　胜任感培养

学习是青少年人生阶段最重要的发展任务。在这个年龄阶段的孩子，解决好学习的问题，很多成长的问题都会迎刃而解。最重要的是，搞好学习是一个孩子形成内在自信以及内在稳定自尊的基础。

本章我主要介绍的不是学习方法，而是帮助学习内动力不强的青少年把学习这件事落实到具体行动上。

## 学习动力的激活

在咨询的过程中，我所遇到的胜任感缺失的青少年大多都存在习得性无助感。

简单来说，习得性无助是指个体经历某种学习后，在面临不可控情境时形成无论怎样努力也无法改变事情结果的不可控认知，继而导致放弃努力的一种心理状态。

专栏6–1介绍了美国心理学家马丁·塞利格曼（Martin Seligman）所做的著名的习得性无助实验。

> **专栏 6-1**
>
> ## 习得性无助实验
>
> 1967年，美国心理学家马丁·塞利格曼用狗做了一项经典实验。起初，他把狗关在笼子里，只要蜂音器一响就给狗难受的电击，狗被关在笼子里逃避不了电击。多次操作后，狗就会产生无力逃脱的感觉。
>
> 接下来，塞利格曼把狗笼子的门打开，依旧实施"蜂音器一响给狗电击"的操作。塞利格曼发现，此时狗不但不逃，而是还没等电击出现就先倒在地开始呻吟和颤抖了。其实，此时明明笼子的门已经打开了，狗完全可以很轻易地从笼子里逃脱出来躲避电击。但因为它前面习得了"逃脱不了"的相应神经反应通路，就产生了"努力了也无用"的对应行为。这一行为就被塞利格曼称为"习得性无助"。

要帮助青少年提升学业胜任感，就需要先帮助他们打破习得性无助感，升级身心语言程序，帮助他们搭建积极学习信念。

一旦青少年习得了"我不能胜任学习"的核心信念，那么面对学习相关的情境就会在大脑中自动产生"这太难了，我根本学不会"的消极学习信念认知行为模式，接下来就导致回避学习的行为（如图6–1所示）。

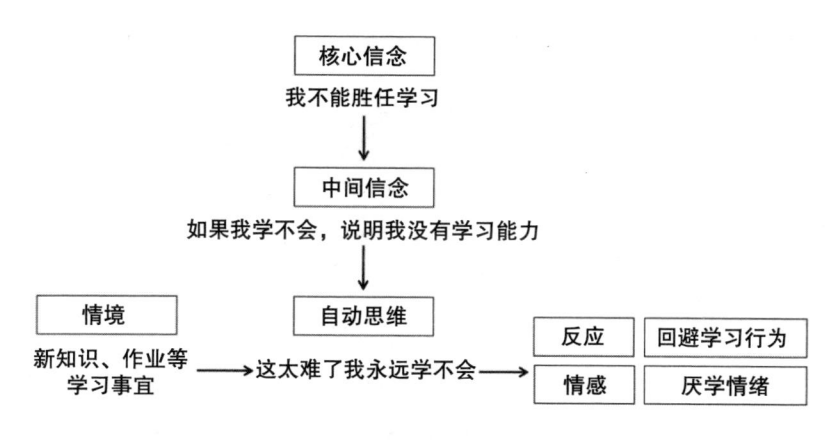

图 6–1　消极学习信念认知行为模式

因此，越早帮助青少年搭建积极学习信念，就能越有效地预防习得性无助行为，从而可以有效地培养他们的学业胜任感。

我从事青少年学习力提升的工作已有近 10 年的时间，逐渐总结出下面 12 条有效的积极学习信念。家长和老师们在理解和消化这些积极学习的信念后，可以尝试着在和孩子的日常互动中，有意识地向他们灌输这些学习信念，假以时日，积极学习信念的种子就会成为他们的"心锚"，从而对他们发挥作用。

1. 每个人都是天生的学习者，每个人都有无限的潜能。
2. 学习是我自己的事，我为我的学习百分之百负责。
3. 我本身就拥有自主学习的能力，我可以自主学习。
4. 老师是带领者、陪伴者及答疑解惑者。
5. 我拥有学习能力，只是暂未找到更适合自己的积极学习路径。
6. 掌握付出与收获的平衡定律，有几分付出就有几分收获。

7. 能力是可以通过踏踏实实地付出增长的，我要拥有成长性思维。

8. 只要我不断尝试、不断坚持，我就一定能够找到属于我自己的一套学习方法。

9. 用输出的方式来输入，经过仔细琢磨、消化，知识才能变现为能力和成绩。

10. 对待困难的态度：这是暂时的，我一定能搞定它；如果搞不定，我可以求助老师、同学、网络搞定它。

11. 不要放弃希望，不要放弃希望，永远不要放弃希望。

12. 明白学习的真正意义：学习最重要的不是现在所学的知识对将来有没有用，而是对心的各种官能进行训练的过程，让我们拥有将来干什么都能干得好的能力。

## 学习信念的搭建：学习意义的形式训练说

我发现，很多沉迷手机、无法胜任学习的青少年都会普遍存在如下对学习的认知误区，或者用下面的方式来寻求自我安慰：

- 现在学的这些知识将来很多都用不到，那学它有什么用？
- 我觉得学这些根本无意义，简直在浪费我的时间。

因此，作为老师和家长帮助孩子打破这些认知误区，帮助其建立对学习活动本身的科学认知，就能够从一定程度上激活孩子学习的动力。

形式训练说就可以很好地为青少年解答"学习到底会给我们带来什么"以及"学习对我们未来到底会产生什么样的影响"这些疑问。形式训练说的心理学基础是德国心理学家克里斯蒂安·沃尔夫（Christian Wolff）提出的官能心理学。

官能心理学认为，人的心是由意志、记忆、思维、推理等官能组成的，心的各种官能是各自分开的一个个实体，分别从事不同的活动。例如，记忆的官能主要是进行记忆和回忆，思维的官能主要从事思维活动。各种官能可以像肌肉一样通过训练得以改善，同时，一种官能的能力改造也无形中会增强其他所有官能的能力。

因此，形式训练说认为，学习的重要目标是训练和改进"心"的各种官能，如注意力、记忆力、推理力、想象力、问题解决能力、目标规划及执行能力、意志力等。当"心的各种官能"对应的各种基础的认知能力训练好了，自然能实现学习的迁移，也就是这类孩子未来做其他的事情也能做得好。

因此，看起来似乎目前所学的数理化等学科知识对将来的生活没有直接的关系和帮助，但是这些学科的学习却可以：

- 提升我们的基础认知能力，让我们具备了对新的知识以及新的问题进行学习及解决的记忆力、理解力、解决问题的能力等基础认知能力，搭建了我们处理未来复杂问题的基础；
- 增加了知识储备，促进了对新知识和技能的习得，让我们的大脑有了更多知识的"原型",使得我们将来更容易吸收新知识、产生新创造。

因此,我经常给青少年们讲,中考和高考考察的其实是一个人下面的综合能力:

- 基础认知能力,包括观察力、记忆力、思维力、语言加工能力、问题解决能力等;
- 时间管理能力;
- 坚毅力;
- 情绪管理能力;
- 心理素质。

具备了上面的能力后,青少年将来成才的概率自然会大大提升,也自然更有可能在各个领域获得成功。

## 学习毅力的培养:注意力抗干扰训练

青少年能够获得胜任力的关键是将注意力放在自己应该做的事情上,这样就可以将其过度使用手机的病理性补偿行为转变为建设性地应对当前的这个年龄阶段应该做的事上面。做好了自己的身份对应的应该做的事项,自然就会逐渐向顺利适应方面发展,手机的使用就成了健康使用。

因此，如何帮助青少年提升其对当前任务的专注力，从三心二意到一心一意，是帮助其从根部解决成瘾问题的关键。具体做法如下。

如果我们把当前正在做的任务作为"目标"，那么在我们通往达成目标的过程中那些有可能导致我们偏离当前目标的因素就称之为"干扰源"。

对于注意力容易分散、注意品质发展不太好的青少年以及处在小学低年龄阶段的儿童，他们的注意力更符合图 6-2 的特征，即"目标"和"干扰源"对自我的吸引程度是差不多的。因此，在完成某个特定目标或任务时，很容易受到干扰源的干扰，产生"三心二意"现象。

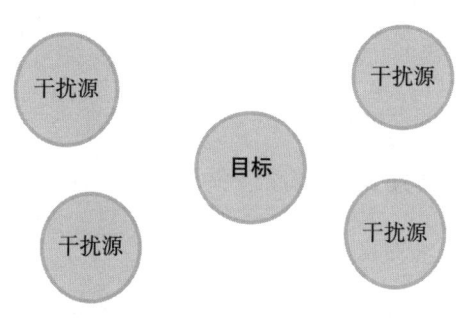

图 6-2 注意力分散的注意特点

对于注意力发展较好的青少年，他们的注意力的特点如图 6-3 所示，当前目标会被凸显。虽然干扰源依然相同存在，但相对于被凸显的目标，其受到干扰的程度会被大大减小。因此，更容易做到

"一心一意"。

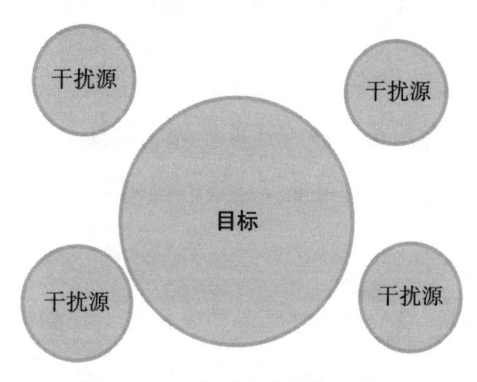

**图 6-3 注意力集中的注意特点**

干扰源通常可以被分为两类：一类是内部干扰源，如大脑中跳出的各种与当前任务无关的想法及念头，俗称"走神"；另一类是外部干扰源，如手机、他人打扰、诱惑自己的各种事物（同伴、玩具等）。

因此，要帮助这类孩子从"三心二意"到"一心一意"的最佳状态，父母需要从以下几个方面着手。

第一，接纳其现有注意力水平及基础。在心中默念："容易分心不是他的错，关键是如何教给他学会减少分心，提升一心一意的能力。"

第二，给目标加个"放大镜"，教给孩子反复强化当前目标：

- 做事前先规划，在哪个时间段先做什么后做什么；

- 让孩子在心里告诉自己，在接下来的10分钟只能做当前这一件事；
- 渐渐地就会发现，就是这10分钟只聚焦在一项任务上，就可以给自己预留出更多自主选择做事情的时间；
- 一定要写下来，当孩子做到了，记得让他打钩并体会这一过程带来的心流感受。

除此之外，要想一心一意直击目标，还需要强调以下两点。

其一，一定要少做事。要解决忙的关键是少做事，但不是不做事。一段时间让孩子有个重点攻克目标，这样容易保证孩子有充足的精力实现目标。同时，少做事孩子就不会心慌，容易定下神来，才能把事做好，做出结果和效果来。这样就有了正反馈，这个反馈信号会让孩子感觉好，他也有了动力继续前行。

其二，目标和任务一定要小。目标和任务越小，可实践性越强，越能看到行为改变的结果，就越容易有正反馈。

## 螺旋式成长曲线的魔力

几乎所有来找我咨询孩子过度使用手机问题的家长都有一个共同的目标，那就是"如何让我的孩子更爱上学习，更能够担负起这个年龄阶段该担负起来的责任"。

学习对学生的意义，就犹如工作对成年人的意义，是支撑其自尊感的关键。青少年阶段的学习成绩也具有社会属性，相当于成年人的每个月挣多少钱及对应的社会地位。因此，从每个生物体的本能来看，没有哪个孩子不在意学习成绩，只是程度不同罢了。

其实那些爸爸妈妈口中的"不在意学习，就是爱玩手机"的青少年，当我与他们建立好咨询关系、让他们放下防御后，我就发现没有哪个孩子不想提升学习成绩的。而青少年们更为普遍的烦恼是："其一，我真的很想学好，但又管不住自己，如抵制不住手机带来的诱惑；其二，学习一旦遇到困难我就会退缩，努力了一段时间得不到想要的成果很容易放弃，不知道怎么才能学好、达到我的目标。"

螺旋式成长曲线是我在咨询辅导的过程中发现的非常好用的辅助工具（如图 6-4 所示）。

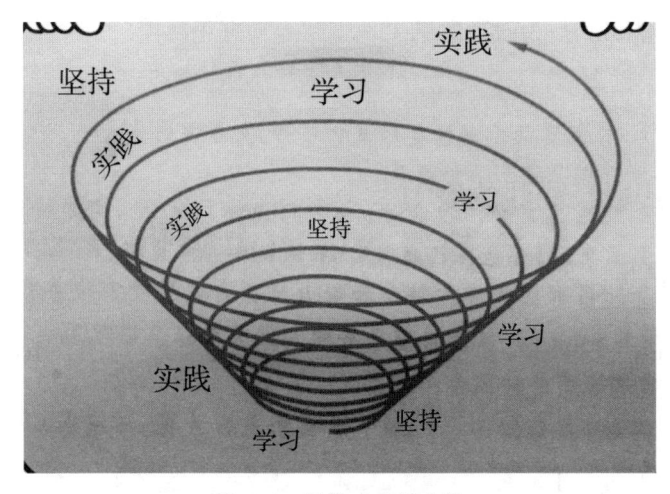

图 6-4　螺旋式成长曲线

我会让青少年及其父母明白，我们每个人的日常生活精力状态会按照螺旋式曲线来发生变化。

首先，我们的日常生活的精力状态（体力、情绪及智力状态的统合）是具有生物节律的，按照正弦曲线的规律以一个月的周期发生规律性的起伏，如身体节律为23天、情绪节律为28天、智力节律为33天，我们到一些专门计算的网站上输入自己的出生年月日，就能查询到自己目前的生物节律状态。图6-5是我在某个网站上随便输入一个出生年月日所查到的2022年4月对应的生物节律状态。尽管我们查询到的结果与现在的状态不一定完全相符，但这表明生物节律的确是有其规律性的。而我所说的你当前的精力状态就是指的你的体力、情绪及智力节律在当日的综合反应，因此要允许自己和孩子有状态不佳的时候。

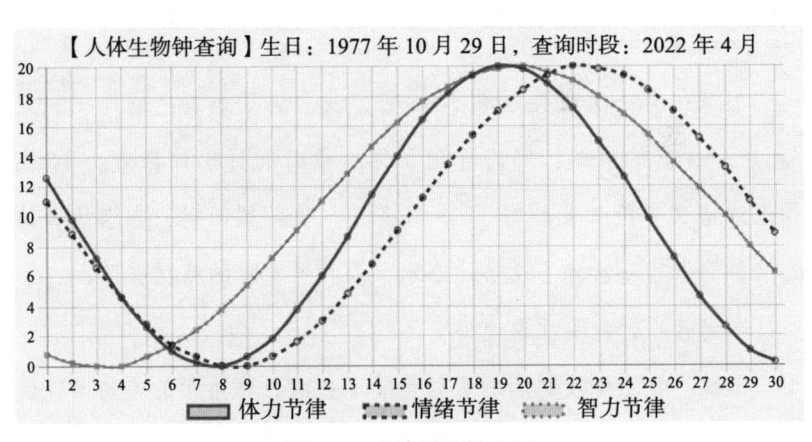

图6-5 生物节律状态图

其次，我们的自我提升过程以及咨询辅导过程会按照螺旋式曲线来发生变化。我们目前的状态是属于基线状态，接下来的自我提升过程会按照螺旋式上升的曲线来发生变化。例如，我们的目标是"学习动力由当前的 3 分提升到 8 分"，让学习的愿望自发地流淌出来。那么要达成这个目标，实现"成长夹角"的变化就是要处理这条曲线的两个顶点问题：一个是向上的顶点——最佳状态，又称为我们的"高光时刻"；还有一个是向下的顶点——最差状态，又称为我们的"昏暗时刻"。在"高光时刻"以及"昏暗时刻"这两个关键点上做些什么是成长夹角达成变化的关键。

## 高光时刻的回应技术

在现实个案工作中，我发现很多青少年的动力丧失，恰恰是因其在高光时刻时被老师及父母不恰当的回应方式所导致的。

小斌：有一次我英语考了 95 分，我告诉了妈妈。妈妈跟我说"儿子，你真的很棒！妈妈看到了你这段时间付出的努力。不过，如果你语文也能如此就好了"。那一刻，我荣耀四射、充满欣喜的心情仿佛浇了一盆猝不及防的冷水，那种感觉真的糟糕透了。

咨询师：你能具体说说吗？

小斌：我感觉我妈妈的贪心是喂不饱的，她后面的半句话让我觉得前面的夸赞都是套路，对我简直是一种侮辱，毫无意义可言。

咨询师：那你渴望她如何回应你？

小斌：我非常渴望她能和我一样激动，并为我感到高兴和荣耀。换句话说，我只希望我的感受被"照见"，有一个人可以真心地和我一起共享这种喜悦，这样我的内心就会更加充满前进的力量。

我总结了一些我们咨询工作中高光时刻回应的注意事项（见专栏6-2）和高光时刻的回应魔术话语（见专栏6-3）供老师和家长们参考，并在仔细体会后尝试着在学生及孩子中运用。

---

**专栏6-2**

### 高光时刻回应的注意事项

1. 保持情感的同调性。如果孩子兴奋，我们也兴奋；如果孩子欣喜，我们也欣喜。这样就能让孩子产生同频共振，不仅可以让其高光时刻得到有效见证，而且这种喜悦及兴奋的成功体验将是其自尊感及自我效能感提升的最佳催化剂。自体心理学家海因茨·科胡特（Heinz Kohut）认为，双亲让孩子感到欣喜的回应——表现出兴趣、骄傲和兴奋，对孩子的发展极其重要。这种反射性回应会给孩子一种自我价值感和被重视的感觉，因此能催化出价值感及高自尊。

2. 创造喜悦分享时刻。可以说"哇，我真的很好奇你是如何做到的"，让孩子详细讲述他通往高光时刻的心路历程。这种

> 分享体验会使得其核心自体更加"内聚",即让他的效能感增强,并能提炼其成功做到的部分,并将其转化为积极品质。

---

**专栏 6-3**

### 高光时刻的回应魔术话语

1. 情感回应:"哇,妈妈真的很为你(这里暗示,无论是成功还是失败都是你的人生,你不是为了让我高兴才努力的)感到欣慰、骄傲或自豪(讲述你的真实感受),我很想知道你的心情及体验,快来说说。"

2. 过程回应:"这个过程一定不容易吧?快来分享下。"或"我很好奇你是怎么做到的?"

3. 自我激励回应:"你打算怎么奖赏下自己啊?需要我支持些什么?"

---

## 昏暗时刻的回应技术

社会越发达,智能化水平越高,其实对人的社会适应性也就有了更高的要求,因此,也就滋生出了更高的社会焦虑。在这样的一个时代背景下，父母和孩子都希望自己能上好的高中及理想的大学。因此，我们就非常渴望孩子经常出现在高光时刻，天天都是最努力、竭尽全力的状态。

父母常对我说的一句话是："我也知道他挺努力的，但总觉得不够，没有看到他全力以赴。"我想类似的想法及期望是很多父母非常常见的想法，我们往往只想让孩子处在高光时刻，而当孩子掉落在昏暗时刻的时候，就很容易激发我们自己的焦虑、恐慌与无助感，并把这种复杂的、难以忍受的感受转化为暴怒的行为指向孩子，并尝试用大道理来说教孩子。

## 案例解析

### 昏暗时刻的初二男孩及恨铁不成钢的父母

有一次，一对前来咨询的父母给我讲述了他们上初二儿子的经历，这是一段儿子的昏暗时刻及他们回应方式的例子。

某年的假期他们相约几个家庭去海边度假，在海边有个户外拓展的体验项目，一起去的几个家庭的孩子都顺利完成了整个过程，而唯独他们的儿子在这个过程中背后的挂钩出现了问题，使得他无法像其他孩子那样顺利完成整个项目，中途不得不退出了。那个时候他们的儿子很沮丧，就垂头丧气地管妈妈要手机玩。妈妈感受到了儿子的沮丧，就说："想玩手机？那你就再试一次呗，这有什么。"这句话显然并没有安抚到丧气的儿子。孩子此时要手机玩,是想通过手机对刚才很沮丧的心情进行安抚和补偿,妈妈并没有领会到这个意思,随口就说:"你刚才说你下午不回去上课,不去上课现在就不能玩手机。"儿子气急败坏,上演了"争夺手机大战"。在一旁远远观望的爸爸看到这一幕,就觉得这孩子一遇到点困难就容易放弃,一遇到不顺心的事就知道玩手机,真是没有出息,对儿子感到特别的失望。

上面这个互动的过程在很多的家庭都非常常见,那么在这个初二男孩的昏暗时刻,他的父母如何理解及回应才能真正给予这个男孩支撑作用,从而减少其挫败感,增强其应对挫折克服困难的勇气呢?

我和这对父母一起回顾了整个事件的过程,和他们一起去理解他们的儿子在那一刻的丧气及无奈(昏暗时刻的感同身受),然后去回应他当时的感受给他有力的支持。

妈妈:儿子,看着别的孩子都顺利完成了,你因为那个挂钩没能顺利完成是不是很难受?这不怪你,是这里的工作人员没有提前检查好挂钩,你等着妈妈去找他们说理去(给他有力的支撑),如果你想的话,等下就再来一遍。

写到这里我忍不住地潸然泪下,我不知道如果你是那个男孩此刻你有什么感受。成长过程中的那一次次的昏暗时刻,我们每个人都多么渴望有个有力而温暖的人站在我们身边,不是对我们指手画脚，而是真正地陪着我们一起去面对。

### 昏暗时刻不愿去上学的男孩及焦躁不安的妈妈

有个初三男孩的妈妈前来咨询，从前一年的九月到次年的五月近一年的时间，她的儿子开始断断续续地不想去上学。因为妈妈非常担忧孩子会长期不上学，像一些有网瘾的孩子一样整日待在家里不出门，她常常凌晨4：00就惊醒睡不着了，唯恐孩子早晨醒来告诉自己"我不想去上学了"。

这个焦躁不安的妈妈很想知道，她如何做才能帮助儿子渡过这段艰难的昏暗时刻。

男孩的妈妈：老师，我真的很渴望这个世界有一种解药，我吃下去或我儿子吃下去这个事情就妥善解决了。我把这个事情说给周围的人听，大家都劝我不要着急，慢慢会好的，可是我做不到，也不知道什么时候才是个头。我已经把我能试的解决方案都试过了，这半年多，我和孩子的爸爸也改变了很多对待他的方式，可他怎么就过不去了呢？

而我要做的不是帮助这个男孩去渡过他的昏暗时刻，而是先帮助这位妈妈渡过她的昏暗时刻。

我：这段时间对你来说一定很艰难，这种艰难他人很难感同身受，你每日严格按照自己的计划过了这么多年，让你的生活一切尽你所能地掌控在自己手中。儿子这段时间如此多的不可预期、不可控制的行为一定让你很崩溃吧，你感到焦虑很正常，遇到如此的困境又有几个母亲能做到不焦虑呢？

那一刻这位母亲像泄了堤的水坝一样痛哭流涕，我一句话不说陪着她哭了好长一段时间。

男孩的妈妈：我这段时间太压抑了，经常胸口痛，我常常按照书上写的、朋友提醒的那样，自己一定要做个"稳稳的"母亲，像个容器一样可以承载我儿子的各种突如其来的情绪。我不能在他面前展示我的焦躁不安，否则就会害了他；另一方面，我自己的恐惧和担忧、挫败与无奈又时不时地侵扰着我，让我不能自已，我都快分裂了。

我：也许真实而坦诚地面对自己的内心，并把这种感受展示给孩子，孩子才能坦然地面对他自己的内心，坦然地面对自己的人生困境。如果你对儿子说如下这番话，我不知道你的感受是什么？

"儿子，说实话我最近每天凌晨 4：00 就醒了，很担忧你早晨起来说不去上学，对于妈妈来说很难应对你目前的状况，帮你找到解决你问题的出口也很难，我也知道着急上火帮不上你。我要信任你，你一段时间后自会找到解决你问题的出路，但对我来说控制我的担忧真的不容易，也是因为这样我才真正理解到你有多么地想要适应现在的学校、渡过你的难关，但对你来说一定也很艰难，好像妈妈现在一样。因此，当我明白这点后我就释然了，儿子，我能做的就是陪着你，我相信过段时间我们一定能找到解决的办法的,不着急。"

这位妈妈听完后,眼睛一亮,突然豁然开朗了。其实,我只不过用了反移情诊断的技术示范给这位妈妈,即如何用她自己的感受去理解她的儿子无法用言语表达出来的感受。

在咨询的过程中,我们只有解决了这位母亲的危机,才能让她体验到恰当的对待方式,她才能真正把这种体验到的、被对待的感受不自觉地转移到她儿子身上。

我用了类似的方式帮助了不少素未谋面的青少年跨越了人生的障碍,顺利走向复学之路。

---

一直以来,我们的社会倡导积极、乐观、奋发向上的正能量。然而,在真正遇到困难或生命中突如其来的挫折时,要做到积极、乐观和豁达又谈何容易。而在这个时刻,我们不是持久地采用酗酒、网瘾等麻痹自我的方式回避,抑或采用自残或自杀的方式来伤害自己,而是能耐受痛苦,勇敢地去面对眼前的人生难题,这就需要所谓的"负能力"了。

所谓"负能力",其实是指耐受痛苦的能力,类似于抗逆力。而在我们昏暗时刻出现时,周围的人对待我们的方式(准确地说是我们有没有感受到来自周围人的支持),是能否增强我们"负能力"的关键。也就是说,社会支持是最重要的挫折保护因素。

那么，在青少年的一些重要的人生昏暗时刻（如同伴冲突、学业崩塌、意外事件等），父母具体做些什么呢？借助人本主义创始人之一卡尔·罗杰斯的理念，每个生命体都有自我实现和成长的倾向，只要提供适宜的环境，我们每个人都将有能力指导自己、调整自己的行为、控制自己的行动，从而达到良好的主观选择与适应。因此，根本的核心在于父母要为处在昏暗时刻的孩子营造有利于其自发成长的氛围，也就是为其提供支持性的环境。具体做法详见专栏6-4。

---

**专栏 6-4**

### 昏暗时刻如何提供支持性环境

1. 鼓励孩子诉说情绪，尤其是遭受挫折时的复杂的负性情绪。青少年越是能够在鼓励的前提下充分诉说及自由表达自我感受，就越能够腾出足够的"心理能力空间"，自发地想办法去应对其遇到的难题。

2. 倾听是最好的治愈。为孩子提供"支持性环境"的关键就是父母能够真诚地倾听、感受及回应孩子在特定昏暗时刻的感受，其难过、愤怒、悲伤、无奈等负性情绪需要被接纳、认识、澄清及见证。此时要注意以下两点。

（1）切忌着急讲道理或给出解决方案。这不仅没有用，还

> 会有损孩子的自尊,因为会暗含"你不行、我行"。除非在充分共情后,孩子需要父母给予指导时,父母才能用"或许你可以试试……但最重要的是尊重你的内心"类似的方式来回应。
>
> (2)切忌不对正性情绪进行表扬或赞许,而是像对负性情绪一样接受。情绪与情感无好坏之分,只是信号而已。因此,父母无须为孩子有负性情绪而采取防御措施,也无须为其正性情绪而自傲。

## 学习与"我不能、我不行、我不好"相处

我发现,在胜任感不足导致手机上瘾的青少年群体中,通常都伴随着以下一些典型的、消极的"我不能""我不行""我不好"等自我信念。

这些不合理的自我信念是捆绑住孩子无法前行的绳索,如果要提升他们对学业的胜任感,很重要的一点就是帮助他们打破这些限制性的自我信念。

应对这种情况,对青少年比较好用的技术是合理情绪疗法(见专栏 6–5)。

专栏 6-5

## 阿尔伯特·艾利斯与合理情绪疗法

25 岁那年，美国临床心理学家阿尔伯特·艾利斯（Albert Ellis）在和别人聊天时发现，自己很擅长帮助别人提供一些好的建议方案，从而帮助他人走出困境。他发现自己既擅长也喜欢这样做，于是立志要帮助更多的人解决其困扰。于是，他付出非常多的努力，终于拿到哥伦比亚大学哲学心理学的博士学位，并开创了合理情绪疗法。

我们先来了解一下艾利斯对人性的假设。

- 我们每个人的头脑中都有理性与不理性两类想法。
- 情绪是由想法产生的，如果我们的想法是理性的、积极的，那么就会形成正性情绪；反之，就会产生负性情绪。
- 人是有语言的动物，思维是借助于语言而进行的，除了外部交流的语言模板以外，内心世界还有思维加工的语言模板，而我们正是凭借这些语言模板来进行思考的。
- 人之所以会处在情绪困扰中，是因为我们内心语言的加工模板一直固着在负面的或不理性的层面，而我们改变情绪困扰的重点是，识别到使我们产生不良影响的内部语言模板并加以改正，就会变得有动力，走出不良情绪。

合理情绪疗法认为，引发情绪障碍的不是诱发事件本身，而是我们如何对该事件进行评价和解释。

好比有人对你说"你这个人真好呀"这句话，我们对这句话的评价和解释直接决定了我们产生对应的情绪，同时会引发相应的行为应对方式（如图6-6所示）。

| 你这个人真好呀！ | 他喜欢我，真好！ | | 高兴 |
| | 他是在安慰我吧！ | | 伤心 |
| | 我不怎么样，这个人干吗？ | | 疑惑 |
| | 哼，讨好我，想利用我！ | | 厌烦 |

图 6-6　不同解释对应的不同情绪

由此我们发现，自己内心的想法会影响与他人之间的互动，此时就形成了心理预言效应，即内心世界和看到的世界是一样的。

所以，我们对外在所发生的事是如何评价与解释的，不但会影响情绪体验，还会影响到外在的行为结果，更会影响到心身健康。

通过分析大量青少年学习动力丧失的个案我们发现，青少年学习动力丧失的一个根源正是由"我不能""我不行""我不好"这些典型的限制性自我信念造成的。如果青少年日常越多出现这些内心语言加工模板，就越会产生情绪困扰，也就越无法产生学习动力及自我效能感。

那么，如何帮助青少年改变这些不良的内心语言模板呢？家长和老师们可以通过以下四个方面来着手。

第一，要帮助青少年认识到不良自我信念的普遍性。也就是说，这种不好的情绪不光自己有，身边的其他同学同样会有，这会让自我的感觉更好，降低自我焦虑感。

第二，培养成长性思维模式。我们只要转化固有的思维模式，变成成长性的思维模式就可以化解这一问题。比如，在面对"我做不到"的时候变成我只是"暂时"做不到，就意味着"我是有可能做到的，未来我一定可以"，就不会丧失动力。

第三，改变归因方式。对于外界所发生的事（无论是成功还是失败），在事情告一段落后，我们都会在内心进行归因。我们通常会像表 6–1 一样，从能力、努力水平、任务难度、运气、身心状况以及外界环境这几个方面对我们的成功或失败进行归因。

归因方式通常会被划分为内归因与外归因两类。

例如，有些同学在考取高分数时会认为这是一种侥幸，其他同学发挥失常，归因于其他同学做得不好，这是典型的外归因；而在考了低分时，会认为自己做事马虎、脑子笨，这是典型的内归因。这样不良的归因方式就会让自己产生非常高的焦虑水平，从而产生低自尊和不自信,进而丧失动力,严重的甚至会出现心理问题。

表 6–1　　　　　　　　成功和失败的归因方式

| 因素 | 成功 | 失败 |
| --- | --- | --- |
| 能力 | "聪明""有天赋"…… | "脑子笨""脑子缺根弦""不是学习这块料"…… |
| 努力水平 | "最近很刻苦、认真"…… | "没复习""不用心""不够认真""做事马虎"…… |
| 任务难度 | "题目简单"…… | "题目太难""偏题、怪题"…… |
| 运气 | "考的全会、蒙的全对"…… | "点背""会做的不考,考的全不会"…… |
| 身心状况 | — | "最近生病""昨晚失眠"…… |
| 外界环境 | — | "天冷""考场光线不佳"…… |

最为健康的归因方式是:成功时,归因为自己有能力与努力;失败时,归因为努力不够、外界环境创造的条件还不成熟或运气不好。也就是,成功时更倾向于内归因,失败时更倾向于外归因,这样比较能够保护我们的自尊水平,防止动力丧失。

第四,掌握"对事不对人"的原则。当发现我们对一件事处理得不好时,我们需要有意识地将"人"和"事"分解开来。有意识地与自己对话:"这件事我做得不够好,并非我这个人不好,学会及时反思总结下次把事情做好即可。"这一点非常重要。也就是引领青少年不仅与人相处时"对事不对人",与己相处时也要刻意做到"对事不对人"。

## 用上瘾钩子提高学习胜任力

美国普林斯顿大学心理学博士亚当·奥尔特（Adam Alter）在其所著《欲罢不能》（*Irresistible: The Rise of Addictive Technology and the Business of Keeping Us Hooked*）一书中总结了导致行为上瘾的几大钩子，其实我们也可以用下面的五大上瘾钩子，来提高青少年的学习胜任力，提升其学习成绩。

### 钩子一：让目标和记录无处不在

人是追求目标的动物，会朝着目标努力，不断达成目标的过程体验让人充满了愉悦感。你会发现，手机游戏中通常都会设立很多等级和关卡，让玩家逐渐通关，不断产生成功通关后的愉悦体验。

同样，我们也可以把这个策略用在提升孩子的学习成绩上，正如前面所讲的，和孩子一起制定符合其最近发展阶段可实现的小目标，并及时记录这些目标的达成情况，然后再鼓励孩子自己为自己庆祝每一次小成功。

我的一位朋友的女儿曾对她抱怨说：

妈，最近我的数学成绩考得不太好，主要是几何向量那部分知识我掌握得不扎实。我的数学老师其实给我布置了相关的习题让我练习，可时间过去两周了我还没做，主要是因为时间不够，每天的作业做不完。怎么办，怎么办？我好焦虑啊！

## 第6章 胜任感培养

我的朋友听过我的课,于是就尝试着回应道:

看来任务是挺多的,你有理由着急(共情回应)。你是否可以问问自己如何能帮助你提升。例如,如果你每天就弄懂一道几何向量的题,把这道题摸得透透的,就像打扫你房间的某一个小角落一样,是否能够完成?如果还有难度的话,你试试每两天完成一道(支持性的建议,可以实现的小目标)……

另外,丫头,你先别想那么多,就一道题目一道题目的仔细去研究、琢磨和体悟,也许你的收获会超越你的想象,你可以试试看……就一道题一道题地去研究……(支持性带有一点诱惑性结果的建议)

最重要的是把今天要做的那道题作为计划记录下来,然后每做完一道题就记录一道题,完成了可以打钩,你看就像妈妈这样(示范,越具体越好),无须太复杂,就是这么简单,然后一周汇总一次,看一共完成了多少道题。

那你今天打算什么时候先尝试几何向量的题呢?先落实一道……(从当天一道题开始,趁热打铁走出第一步),你做完了就像打游戏通关一样给自己一个小奖励,你的大脑喜欢奖励,这样会使得你更愿意开始第二道题的。

我告诉我的朋友上面的步骤只完成了一半,还有另外一半非常重要,那就是持续地跟进,也就是从当天起跟进落实情况。如果她有精力的话,到了女儿自己定的时间点就去看她落实没有,这样女

157

儿慢慢地就会从想做到做到。

在这位妈妈的督促和鼓励下，过了一段时间后女孩子就把这个相关的知识点补上了，不仅学习成绩提高了，更重要的是提升了学习数学的自我效能感。而且，这种感觉还迁移到了她的其他学科上。

## 钩子二：多给孩子不确定的积极反馈

第二个钩子是不可抗拒的积极反馈。大脑喜欢意外的奖励和奖赏，青少年在玩游戏时不知道什么时候会遇到哪些"意外宝藏"，有"金币"、有新技能和新武器这些不确定性的奖赏。因此，刻意地为孩子制造一些不确定性的惊喜，可以大大激发孩子对学习的热情。

例如，有位妈妈会选择在孩子的书本中夹上鼓励性的话语纸条，有的父母会在书桌的抽屉里偷偷藏孩子喜欢的玩具或手办，还有给孩子买了盲盒并告诉他父母看到他最近非常努力以资鼓励等。这种不确定性的积极反馈，都能让孩子对学习慢慢上瘾。

最重要的是，要引领青少年不断地学会自己给自己创造努力完成任务后的奖赏。

我的硕导李晓东教授就会在完成一些工作任务后，搜罗一些自己喜欢的东西，给自己奖赏，如一件好看的衣服、一台咖啡机、一顿丰富的午餐、一次愉快的外出旅游等。这点让我受益颇深。

作为家长和老师可以不断地带着觉察，引领孩子们把这些内容落到实处。

## 钩子三：逐渐升级的挑战

人类的本能是喜欢挑战的，尤其是成长型思维的人更喜欢挑战。如果我们和孩子一起商讨制定一个个学习上的挑战，并结合在达成后给予积极反馈，就能让孩子越来越体验到学习的成就感。

孩子完成作业后，尤其是完成充满挑战、有一定难度的难题时，会有一种弥漫性的轻松体验，此时父母可以巧妙地将这种弥漫性的轻松体验和愉悦感及成就感建立联结："开心吧，有成就感吧，是不是很为自己感到骄傲。"大脑喜欢愉悦的体验，当你把这些愉悦的体验与孩子的努力刻意联系在一起时，就会被升华和固化，这样也能让孩子更多激活"快乐中枢"，越来越喜欢学完的充实感和成就感。

## 钩子四：建立学习共同体

人的社会性属性会让人对社会互动痴迷，因此鼓励孩子和同伴之间建立学习的共同体，让他们之间产生令人痴迷的社会互动尤其重要。

我身边有个孩子在疫情期间为了能够督促自己更好地学习，就在闲置交易平台"闲鱼"上和几个网络上的小伙伴结成了对子，每天相互督促。

更让我难忘的是,我在苏州开设青少年训练营时,有几个初中和高一的孩子(这些孩子的家长们都有孩子爱玩手机不爱学习的困惑)自发地和一个高三想要考清华大学的学霸聊如何克服自己学习中的障碍、如何获得每门功课学习的技巧,这些都是因为令人痴迷的社会互动在学习中起到的作用。

即使孩子取得了些许进步,家长和老师也应该积极地鼓励他告诉身边的亲朋好友,并主动从他们那里获得积极的反馈,哪怕是暂时还没看到结果的尝试和努力,也可以如此。

因此,作为老师及家长,应鼓励学生们相互之间组建学习共同体。

## 钩子五:让做作业变得像考试一样紧张

心理学有个著名的"蔡格尼克"效应,指的是未完成的体验要比已完成的体验更多地占据了我们的脑海。

完型心理学把此称之为"未完成事件"。如图 6-7 所示的这个未封闭的圆,你是不是有一种特别的冲动去把这个缺口补上,其实无论你是否拿起笔来补上了,都不妨碍你在心里已经完成了"完型"的加工,已经把这个图认为是个圆了。

完成任务代表着紧张解除。我们知道,当我们该做的事没做的时候,这些未完成事件就像一个个小石子一样让我们产生紧张感。

截止时间就是典型为了创造未完成事件带给我们的紧张感,从

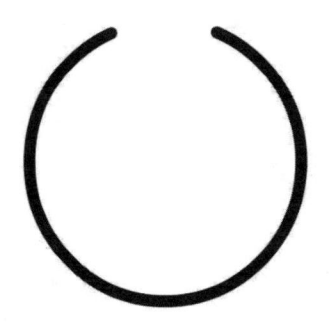

图 6-7 未完成事件的象征图

而迫使人们产生趋近性行为的。所有的球赛都有规定的时间,所有的考试也都有规定的时间。因此,在人际互动中约定截止的日期,就能给对方带来要到截止日期还未启动的紧张感,从而促进个体开始任务。所以,有人说截止时间不是截止的,而是给人带来开始行动的动力的。

因此父母和孩子一起约定某项任务的完成时间,鼓励他设定完成时间,努力让做作业变得像考试一样紧张。这样可以大大地激活孩子做作业时的脑回路,让孩子写作业变得高效,同时完成了一项任务后紧张感的解除也能带给他更好的体验。

第7章

# 情绪调节

## 第7章 情绪调节

无论是成年人还是青少年，网络沉迷的本质是现实生活中的基本心理需求无法得到满足，从而产生痛苦体验，个体本能要阻断痛苦而产生的消极补偿应对的结果。第 4 章至第 6 章分别从如何提升孩子的归属感、培养其自主感及助力其获得胜任感加以阐述，以帮助家长和老师找到同青少年工作的方向。然而，孩子在成长的过程中总会因为各种各样的原因存在基本心理需求无法得到满足的时候，这其实才是人生的常态。

那么，现实生活中在面临诸如学业、人际交往以及自我管理的挫折时，有的孩子哪怕也会存在一阵子的沉沦及消沉，但仍能积极应对并再次反弹，或主动地去寻求周围可能的社会支持，或通过自我努力达到克服困难、实现能力增长的目的，真正解决其现实问题，从而缓解了痛苦。即使解决不了眼前遇到的难题，也可以通过自我调适，选择暂时接受现状，在这个基础上做自己能做的，等待时机。

与之相反，有的孩子则选择持续性的消极应对，在玩手机或上网中去获取病理性补偿，用回避的方式来达到暂时缓解痛苦体验，每次放下手机或从网络里出来时又会出现那种"灵魂被掏空"般的绝望感。

我们发现，在面对暂时无力改变现实问题的痛苦体验时，其中一个决定个体是否选择积极的方式来应对现实问题的关键影响因素就是个体的情绪调节能力。

## 了解情绪的由来和作用

我们的情绪来自我们心灵的一种感受，它其实只是一个信号，用来帮助我们认识我们到底发生了什么。外在事物的发生如果符合了自己的预期，我们就会产生正性情绪；如果不符合自己的预期，我们就会产生负性情绪。

接下来，我将从进化的视角来解读情绪的由来。这样你就会明白，其实情绪无论是积极的还是消极的都是来帮助我们的，它让我们意识到我们发生了什么，并指引我们接下来行为适应的方向。

### 从进化的视角理解负性情绪的积极意义

人的情绪可以被划分为正性情绪与负性情绪。

我们通常都希望我们自己只出现正性情绪，如高兴、喜悦、兴奋、欣慰、欣喜等，不希望自己出现负性情绪，如焦虑、抑郁、悲伤、难过、愤怒、失望、绝望等，并认为负性情绪是有害的。

然而从进化论的视角来看，如果负性情绪只有不好的一面，那么在自然进化的过程中，负性情绪就应该被淘汰。既然负性情绪在进化演变的过程中被保留了下来,那么它就一定有其存在的意义,并会在我们人类社会适应的过程中发挥着一定的积极作用。

要了解其积极作用,我们需要了解自然演化的进程中为何会进化出负性情绪。

最为原始的生物,其实均是靠本能反应来生存的,比如遇到危险就战斗或逃跑,遇到猎物就捕食,遇到心仪的异性就追求。

大约到了两亿多年前,哺乳动物出现了,为了更好适应环境,就进化出了情绪的功能,这让它们在大自然中能够趋利避害,极大地增强了哺乳动物的生存优势。举例来说,恐惧这种情绪可以让动物远离危险;相对而言,兴奋情绪就可以让动物们更专注于捕捉猎物;而喜欢和愉悦的情绪可以增强彼此之间的亲密度,有利于形成群居;伤心情绪则能引来同情者的帮助。由此看来,情绪无论是正性还是负性,都有利于我们更好地生存。

与进化出的情绪功能相对应,哺乳动物的大脑也因此发展出了一个独特的情感区域即边缘系统,又被称为情绪脑。到了大约250万年前,逐渐进化出了人类,在大脑的前额区域进化出了"新皮层"。这个新皮层在大约7万到20万年前才逐渐成形,变成一个创造奇迹的脑区,它让我们产生语言、创造艺术、发展科技、建立文明,也因此使得人类占据了绝对的生存优势。人类把这个新的脑区称为"理智脑"。

## 理解我们为何那么容易失控

现实生活中，无论青少年还是成年人，我们都有失控的时刻，例如：

- 想要专心工作，却不自觉地刷起手机视频；
- 想要减肥，却忍不住吃了夜宵；
- 想要复习功课，却不自觉地被同伴吸引一起去玩耍。

我们为何容易管不住自己呢？换句话说，本能欲望为何经常战胜理智呢？

那是因为我们的情绪脑要比理智脑更为原始，情绪脑在大约 250 万年前就进化出来了，而理智脑却是大约 20 万年前才被进化出来。因此，与情绪脑相比，理智脑简直是个婴幼儿。

## 理解焦虑存在的意义

焦虑是当今时代最普遍存在的一种情绪状态。只有深刻理解了焦虑这一情绪存在的意义，我们才能懂得如何与焦虑和谐共处，也才能懂得如何引领青少年学会用焦虑来管理自我。

我们知道，由于进化历程的缘故，情绪要远比理智有力量。情绪的一个重要功能是我们行为的驱动力，焦虑这种情绪就是我们最好的行动驱动器。焦虑是我们的祖先通过基因留给我们的生存智慧。

通常情况下，当我们感知到环境当中的不确定因素时，焦虑情绪就会被唤醒。举例来说，越靠近考试我们就会越焦虑，因为我们害怕考不好，甚至一些重大的考试经常关系着个人的前途和命运，会引发我们对未来不确定性的恐惧。此时，我们可能连喜欢的游戏都玩不下去了，焦虑感会驱使我们去复习、去做应对的准备。焦虑此刻就为我们做好事了。

由此可见，焦虑是我们觉察到危险之后产生的情绪，让我们能够调动资源去应对那些被检测到的危险和困难。因此，焦虑存在的意义是帮助我们调动资源来克服困难的。

我们的焦虑感有多严重取决于以下两个因素。

一是危险等级。事情与个体的关系越大，越关系到个体发展及生死存亡，焦虑水平就越高。

二是个体能调动应对资源的多寡。资源不足就会焦虑，如马上要考试了，复习时间不够个体就会焦虑；马上要上学了，作业没写完也会焦虑。

遇到难题我们会失眠，就是因为我们需要更多的时间去思考如何去应对，这都是很正常的现象。可怕的不是失眠和焦虑本身，而是对这些正常症状的恐惧，如果过度关注负性情绪和失眠现象，反而不利于自我调控。

因此，父母自己能认识到以及帮助青少年认识到，情绪是来帮我们解决问题的，我们要把注意力放在解决问题上，而不是过度思考怎么消除负性情绪上。

随着我们经验的增加，遇到的事越来越多地被我们熟悉和掌控，在遇到相同事情的时候我们就不会那么紧张焦虑了。

还有一些挑战确实对我们的生存有很大的影响，比如有一些考试和工作确实很重要，这时我们产生焦虑也是很正常的。有些人通过玩游戏、刷视频和找朋友聊天这种分散注意力的方式来应对焦虑，这个方法确实能对焦虑情绪有所缓解，但这些方法并不会让产生焦虑的问题消失，只是让你暂时忘记而已。随着时间越紧迫，我们应对的资源就越来越紧张，焦虑感也就越来越严重。

所以，面对焦虑时，"产生行动、积极应对，直接去解决问题"是最好的、最根本的也是最自然消除焦虑情绪的方法。

如果我们能够更好地解决问题，焦虑程度自然而然会降低。

### 理解抑郁存在的意义

我们遇到问题长期无法解决，而且还受制于客观条件无法逃离，此时我们会产生无力感，很容易从焦虑状态变成抑郁状态。

抑郁和焦虑不同，抑郁会让人失去行动力，产生无力感，轻则让人颓废，重则让人对什么都失去兴趣。

抑郁状态是一种有适应性的生理反应，当我们抑郁的时候，身体的各种代谢会自动降低，对各种活动失去兴趣，从而减少不必要的活动，降低体能消耗，以集中更多的能量去愈合伤口。这时最重要的是休息和恢复，抑郁情绪让我们更好地面对损失和伤害，还会让我们主动避免之前的伤害，让我们藏起来，避免遭受二次伤害。

抑郁还能让我们放弃那些希望渺茫、损失惨重的目标，避免盲目乐观，重新审视自己，及时调整目标，让我们考虑还有没有别的办法和路径解决眼前的问题。

因此，无论是焦虑还是抑郁，这些负性情绪都有其存在的积极意义。当我们能够学会读懂其背后的意义，允许其存在一阵子，并想办法去解决问题，就能真正地帮助我们摆脱情绪的困扰。

## 接受符合情境一致性的情绪反应

在当下社会转型和变革时期，青少年出现了非常多且严重的情绪问题（如焦虑症及抑郁症等），其中一个重要原因是他们对自我及他人的正常情绪反应采用了不恰当的应对态度，把符合情境一致性的正常情绪反应看成了不正常，反而让原本可以随着外界境遇变化而产生对应流动反应的情绪，固着在了那里无法流淌，从而产生了非常普遍的情绪的次级症状反应——对焦虑的焦虑、对恐惧的恐惧，因此出现了问题。

### 符合情境一致性就是正常情绪反应

日本精神病学家森田正马（Morita Shoma）认为，人的精神活动有一种对应和调节的现象。具体来讲就是，当我们为一件事情而深感焦虑时,我们的精神活动本能会激活抑制性功能——不要焦虑;相反,我们因一连串的顺境而感到喜悦的同时,也会担忧接下来有可能会发生不好的事情。

也就是说,当个体焦虑时其精神活动本能就会出现抑制性神经调节反应,这一调节反应有时反而加固了原有的情绪反应(如图7-1所示)。

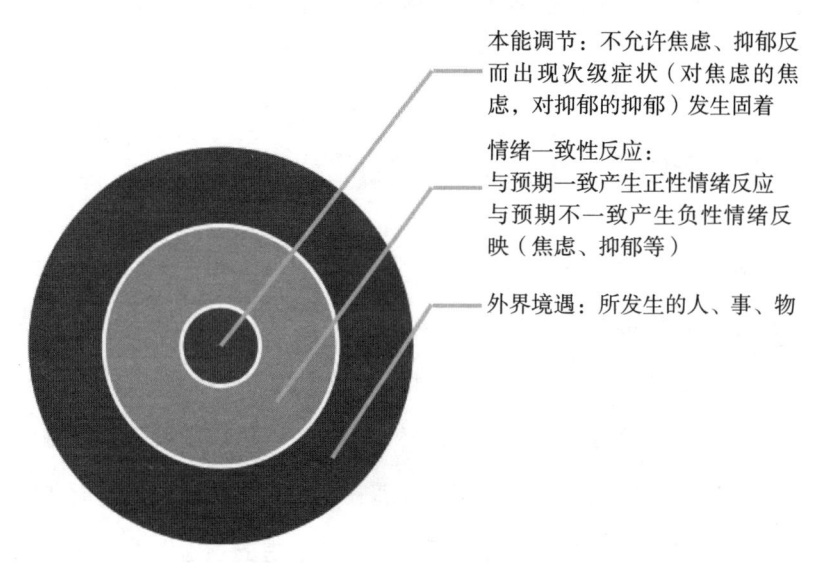

本能调节:不允许焦虑、抑郁反而出现次级症状(对焦虑的焦虑,对抑郁的抑郁)发生固着

情绪一致性反应:
与预期一致产生正性情绪反应
与预期不一致产生负性情绪反映(焦虑、抑郁等)

外界境遇:所发生的人、事、物

**图 7-1　情绪固着现象的产生机制**

因此,我们需要明白"心随境转"的原理,即我们的"心"只是反应当下的镜子。当前所发生的事情符合了你的预期,你就会产生正性情绪反应;否则,就会产生负性情绪反应。外界遇到的境遇一变,你的心情也会相应随之转变。因此,符合情境一致性的情绪

反应都是应该被我们坦然接受的。

**最好的情绪调节策略其实是"只照见不调节"**

按照"心随境转"的原理，最好的情绪调节策略其实是"只照见不调节"，即允许自己做一个有血有肉的人，该悲伤时悲伤，该愤怒时愤怒，该高兴时高兴，该焦虑时焦虑……这才是一个真实个体该有的样子。也就是说，学会"观心"就已经是最好的调节了。

专栏 7-1"情绪调节对话魔术话语——'以生气为例'"，是帮助青少年学会接受和照见自己情绪非常好用的魔术话语，这是结合我日常的临床工作经验改编自网上一段父女对话。当你自己、你的孩子、学生或家人生气、悲伤、焦虑时，你可以对应替换其中的情绪关键词，来开展如下对话。

---

**专栏 7-1**

### 情绪调节对话魔术话语——"以生气为例"

父母和老师可以采用下面的魔术话语来帮助青少年、自己和周围人进行情绪调节：

- 你不一定非得要开心，也不一定要强迫自己非得要微笑和开心；
- 你要接受它并尊重它，你要意识到你生气了，然后学会放下；
- 每一次你像这次感到生气的时候，不要一直沉浸在其中；

- 你可以生气，你可以生我的气，也可以生妈妈的气，甚至是生自己的气，只是不要让这种心情支配你太久；
- 有时候你可以直接停下来，换个环境待着，或者大声发泄，或者冲枕头发脾气；
- 如果你还是做不到的话，那就顺其自然，我们依然爱你；
- 重要的是你把所发生的事情说开，让其他人知道你的底线在哪儿，你可以学会用语言表达你的感受，你喜欢什么、不喜欢什么，你说了别人才能知道；
- 你可以试着用语言表达来引领周围的人用你喜欢的方式对待你。

## 情感区分能力：允许他人有情绪

情感区分能力是指，个体在面对同样一件事情时，能够理智地区分自己和他人之间因为所处的立场不同，会产生完全不同的情绪与情感体验，同时能够坚持自己的立场，并能够允许他人有自己的立场及产生相应的情绪与情感体验。

例如，周末孩子要多玩一会儿手机，父母不允许，觉得玩得时间太长了。面对玩手机，父母和孩子之间因立场不同，必然产生冲突。此时，父母通常会行使家长权利，限制孩子的手机使用时间；孩子也会以自身的立场而生气、耍赖甚至产生愤怒等多种情绪反应。

父母有时本能地希望孩子乖乖接受限制性管理，不允许孩子出现情绪反应，甚至有时还因为孩子有情绪，继而自己产生更强烈的情绪反应、与孩子的激烈冲突。其实在这种情况下，父母只需要有意识地提高自己的情感区分能力，允许孩子在父母限制其手机使用后出现一些负性的情绪反应，但应坚持以下的原则：

- 孩子可以不高兴，但父母仍然坚持自己的立场；
- 耐受孩子的不高兴反应，也是父母坚持自我立场需要付出的代价；
- 孩子都按照父母的立场来行事了，为何就不能允许孩子不高兴一下呢？

该原则也是我们坚持自我立场需要承担的，来自对方情绪及情感反应带给我们压力感受的代价。一旦我们允许他人有对应的情绪与情感反应，你就会发现我们会更加勇敢地做自己，也更容易与他人建立清晰的自我边界，反而少了很多与他人之间模糊的纠缠。

而作为父母或老师，如果能允许青少年出现情境一致性的情绪反应，反而更容易坚定立场去执行约定。

## 不要违背守恒法则

守恒法则是这个大自然界存在的最为重要的运转法则，也称作因果循环定律，其中最为重要的一个守恒法则是付出与收取的平衡。

在给青少年开展心理咨询工作，以及在处理我个人生活中的一些纠结和痛苦时，我发现有个普遍的规律性现象，那就是个体的痛苦往往来源于佛学中经常讲到的"妄求"——想要的太多，而付出的却不够（或落到实处的又不够），从而违背了宇宙运转的付出与收取的平衡。也就是说，明明付出得不够，可看到对应的未达到自我预期的结果时还是无法接受，随之而来的就是自责不已、羞愧不已、内疚不已或灰心丧气。而这些情绪与情感又会让自己更无力面对现实的困难，从而陷入恶性循环。而当理想预期长期无法实现时，我们就会由焦虑的情绪转向抑郁，开始对现实失去兴趣，更加提不起心力去应对现实。而我们要做的就是要跳出这一"情绪陷阱"。

### 案例分析

#### 付出及收取的失衡

李波中考没有考上普通高中，觉得很丢人，抬不起头来，同时对自我也丧失了信心。母亲带他来向我求助，看看如何能给这位青少年内在以动力，让他能接受读私立高中这一安排，并且在高中时不蹉跎岁月，好好利用高中这三年打个翻身仗。不要再像现在这样，一回到家就沉迷在游戏当中，一点没有活力。

为了帮助他跳出"情绪陷阱"，我按步骤和李波进行了以下的对话。

**第一步，允许自己出现情境一致性的负性情绪及消极行为状态。**

我：中考成绩或许与你想要的结果或你父母想要的结果不相符，你有理由难过，以及对未来信心不足，对学习提不起精神来，你可以这样（让他意识到他情绪的出现与所发生的外在境遇具有情境一致性，是正常的情绪状态，首先接纳这个情绪状态）。

李波（肢体语言）：紧张的身体状态放松了下来，长舒了一口气。

**第二步，带着不舒服审视自我，当前结果是否符合付出及收取的平衡。**

我：不过无论我们是否接受，中考成绩已经是既定的事实了。那么，我们接下来审视下自我，中考的分数是否对得起你过往付出的努力。可能因为各种各样的原因导致我们过去就是没有能够做出足够多有效的努力，这个我们也需要接受，没做到就没做到，最重要的是你的中考成绩这个结果与你过往付出的努力是不是大致对等的。这一点很重要，哪怕去面对这一点会让自己有些许的不舒服，我们也需要真诚地去面对。

李波：无论我愿不愿意承认，仔细想想初中三年我的心思都不在学习上，只有中考前几个月才学得进去一些。所以，我觉得这个中考分数对得起我过往的付出。

**第三步，用平衡法则降低自责感、羞愧感，激活面对未来的勇气。**

我：既然是对等的，无论是怎么样的结果都不丢人，因为我们也没有多索取,也就是你没有不劳而获。换句话说,我们有多大本事就吃多少饭。既然我们过去因为这样或那样的原因"心有余而力不足",虽然也萌生过想要好好学习的念头,但就是暂时未落到实处,那中考的结果就是"我们该受的"。我们只要承担了这一结果,就没有什么丢人的。丢人的是明明过往没有做到,没有能播种相应的因,还想得到对应的果,这就是"痴心妄想"、是"妄求"、是"想少劳而多获",这才丢人。孩子,可以把腰板挺直了,即使没做到也可以理直气壮,因为你承担了相应的代价。记得未来无论自己是怎么样的生活境遇都可以理直气壮地活着。尽量去做,去播下你想要的果所对应的因,做不到就承担后果,为此付出代价,也就没啥大不了的。

## 改变对负性情绪的态度

我们生活在这个世上,积极地感受体验与消极地感受体验,就犹如阴阳平衡一样,也是对应的,也需要平衡,我们的精神活动才能有效地运转下去。因此,我们可以有意识地改变对负性情绪的态度,提升对负性情绪的容纳度,来进行情绪调适。

人本主义大师卡尔·罗杰斯指出,我们需要让个体认识到像矛盾、敌意或不适应等这些负性情绪也是我们每个个体自身的一部分，我们要像接纳正性情绪一样，接纳这些负性情绪。同样，对待正性情绪的出现，我们也呈现出接纳的态度，但并不加以表扬或赞许，也不加入好或坏的评价。也就是慢慢建立一种态度：对负性情绪不排斥，对正性情绪不赞扬，只是作为一次通过这些情感的出现来更好地了解自己、认识自己。这样更有助于每个个体逐渐迈向自我心智水平的成熟。

此外，存在主义也提倡痛苦、疾病、孤独、死亡本身就是生命的一部分。就像世界卫生组织所提倡的那样，带着疾病也可以过丰盈的人生。

## 情绪抚慰的两种途径

情绪抚慰通常有个人层面的自我抚慰及他人层面的共情两种常见的途径。

### 个人层面的自我抚慰

其实很多人知道，可以用腹式呼吸、放松、自我共情、自我交谈等技巧进行自我抚慰。可是我们会发现，有时当自己陷入在情绪陷阱中时，这些策略未必管用。那么，如何才能让自我抚慰产生作用呢？

那就需要满足自我抚慰的前提，也就是提升我们接受以及悲悯自己浮现的痛苦情绪体验的能力，即前面所讲的提升自我负性情绪的容纳度。只有到达情绪生起之处，才能引领它离开。因此，在这个过程中，人们需要使用他们更高级的大脑即皮质脑的功能，去有意识地理解这些紧急信息是从更原始大脑本能浮现出来，需要有意识地接受它，而非本能地阻止它。

此时，再运用腹式呼吸（回到自己的呼吸上）、放松、自我共情、自我交谈等技巧进行自我抚慰，才能平复这些被激活的痛苦情绪获得自我镇静（如图 7-2 所示）。

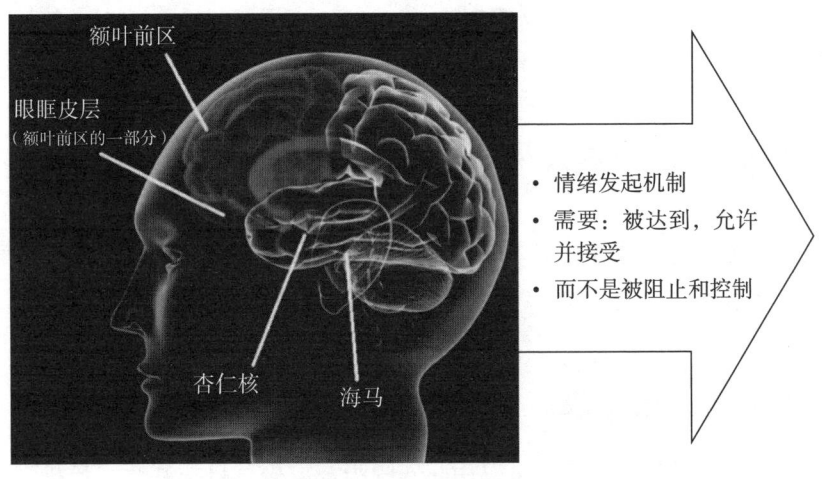

图 7-2　情绪发起机制示意图

## 他人层面的共情

当青少年遇到一些重要事件时，或其自身并未发展出较为成熟的自我抚慰能力时，都需要作为父母或教师的重要他人采用共情的策略来抚慰青少年的心灵。

此时,青少年会感觉到自己在另外一个人的心中,内在安全感得以提升。同时,这种重要他人的抚慰功能,会无形间内化到青少年的人格结构中,从而可以更有效地帮助青少年进一步发展具有自我抚慰功能的安全感。

专栏 7-2 是有效开展共情的步骤。

专栏 7-2

### 有效开展共情的步骤

有效共情包括以下两步。

第一步,尝试去体验青少年的"内在状态",同时观察自我内在状态。这一步需要聆听与观察,尽可能达成与青少年的非语言的情绪性共鸣。

- 此刻,他有着怎么样的情绪体验?
- 此刻,他有着怎么样的内在渴求?

第二步,对青少年的状态进行恰当意义归因。这一步需要用语言来回应对青少年的情绪体验及思考视角,并真诚地表达自己思考的视角,拓宽青少年对所发生的事情的理解维度。

第 **8** 章

# 增强核心自我功能

# 第8章 增强核心自我功能

在与大量的青少年及成人个案工作中我深刻地感受到,一旦自我心灵在咨询中被支撑、被修补、被重构,个体的活力就能重新被激发,从而使其更有"心力"和"韧劲"去迎接和面对自己学业或事业的困难(对应胜任感需求满足),勇于面对及调和人际关系的冲突(对应归属感需求满足),更"力能从心"地去管理和主宰自己的生活及命运(对应自主感需求满足),也更有"容量"去调节和调控情绪,让自我状态发生转变。

因此,核心自我是生命得以良好运转的发动机,是我们获得活力的"心灵发动机"。本章主要介绍如何才能帮助青少年建构健全的核心自我,使其能够发挥功能,让个体可以有"心力"去迎接学业(胜任需求)、关系(归属需求)以及自我层面(自主需求)的各种挑战,在这个过程中发展出自我的能力,从而避免在网络中病例性补偿,进而从根部实现手机积极使用的目的。

## 核心自我的功能及其关键影响因子

核心自我功能运转良好,是青少年能够得以顺利发展的核心关键,也是我们每个生命个体拥有坚毅品质、能良好适应社会、拥有无限发展可能的核心关键。

自我功能主要包括以下五个方面：

- 认知功能，主要与学习和解决问题有关，如感知、记忆、整合、集中注意、预期、抽象等；
- 社交功能，指与自己身边的重要他人交往的技能，能够很好地融入所在群体；
- 情绪调节功能，能够对自己的情绪和情感进行恰当调节，增强社会适应性；
- 生活综合功能，涉及睡眠、生活节律、精神状况、身体状况；
- 现实检验功能，指能将内心的想象和外界现实区别开来的认知活动。

当青少年在这五个部分的自我功能均运转良好时，他们一定会活出如个体心理学家阿尔弗雷德·阿德勒（Alfred Adler）所提倡的健康美好的人生，即与自己的关系好、与他人的关系好、与社会的关系好，这样的孩子一定会拥有较强的适应社会的能力，成瘾及各类行为问题出现的概率也一定会大大降低。

为了让青少年的自我功能生命树茂盛、开花、结果（如图 8-1 所示），父母和老师需要从根部提供给他们两种营养：一是生理营养，包括睡眠、饮食和运动；二是心理营养，让他们心中住进爱的人。

# 第8章 增强核心自我功能

[图示：健康自我功能生命树，标注有 有所成就、认知功能、和他人关系好、社交功能、和自己关系好、情绪调节功能、现实检验功能、生活综合功能、"精气神"]

生理营养：睡眠、饮食、运动　　心理营养：心中住进爱的人

**图 8-1　健康自我功能生命树**

生理营养是为了给青少年提供良好的生理机能，心理营养则是让青少年拥有生命的活力及原动力。接下来，我们将从著名自体心理学家海因茨·科胡特的人类三种核心关系体验需要（又被称为"三极自体"）的视角来讲述如何让孩子获得发展心动力。

## 心理营养与科胡特的三种关系体验需要

海因茨·科胡特是自体心理学派的创始人，他在大量临床个案经验的基础上结合传统精神分析所提出的人的心理需要相关的理论概念，能够帮助广大老师及家长群体从一个更深刻的角度理解哪些核心要素才是促进青少年健康发展与成长的关键。

科胡特认为，人天生就有和他人建立关系的需要，我们的精神存活和心理成长需要与他人建立关系和联结，正如我们的生理存活需要空气一样。孩子的身心发展需要特定类型的关系体验，这些特定类型的关系体验大致被划分为镜映体验需要、理想化体验需要和孪生体验需要三个维度。

图 3–5 所示的青少年积极发展模型中"客体爱"住进"核心自我"里，其实指的是父母和老师都是青少年发展过程中的重要"客体"，当他们能够感受到青少年的上述三种发展中的心理体验需要，并用心去和青少年产生有效互动后，就代表着客体爱住进了青少年的心里，青少年的核心自我功能就会得到好的发展。

要理解这三大需要的核心本质并不容易，若能在日常和青少年相处的过程中恰如其分地加以运用就更需要一个不断在生活中践行并用心体悟的过程了。

接下来，我将结合我在日常生活中的体悟以及个案经验，尽量通俗易懂地逐一深入介绍这三种体验需要，以及老师和父母要在日常生活中做些什么才能恰如其分地让青少年有机会体验到这种需要，从而促进青少年心智的成熟，以及自我功能的良好发展。

### 镜映体验需要：发展出健康的抱负心

我们需要足够的氧气来呼吸，是我们在生理层面活下去的基本前提；我们同样需要一个有回应的环境、一个有反应的重要他人，这是我们在心理层面健康活着的基本前提。我们知道在家庭关系中，最令我们难受的也许不是来自父母或伴侣的指责和呵斥，我们更难以忍受的是对方对我们面无表情、不回应或者冷暴力。

要增强青少年的核心自我功能，首要的是给青少年足够的镜映，也就是学着去满足其镜映体验的需要，这样青少年的自我感觉就会良好，同时会获得自我的价值感，定力也容易被发展出来。

**什么是镜映的需要**

镜映的需要是指被承认、被接受、被认可、感到有价值的需要，尤其是当向重要他人展示某些有关自身价值的具体内容时（如学会了一项新技能、获得了好成绩），更需要得到重要他人恰当的回应。科胡特坚持认为，每个孩子都需要来自"母亲眼里的光芒"，也就是被喜悦的双亲愉快而赞许地注视着，这就是被镜映的感觉。

因此，请父母和老师要看重下列的重要时刻：

- 孩子花了很多心思终于解决了一道难题时；
- 孩子付出了很多的努力终于完成了作业时；
- 孩子制作了一个自己觉得很满意的手工作品时；
- 孩子弹完一首不错的曲子时；
- 孩子上课非常好地回答了老师的问题时；
- 孩子的学习成绩有了非常好的提升时。

这都需要父母或老师能够及时地回应他们那一刻的骄傲、自负、愉悦、兴奋以及效能感。这样做就能有效地激活青少年的内在自体活力，激发青少年发展出健康的抱负心，以及逐渐形成稳定的内部自尊，即科胡特所倡导的"内聚性的自尊"。

如果青少年在发展的过程中没有获得足够的镜映，其自体价值就是枯竭的，不仅无法发展出健康的自尊感，反而很有可能发展出对批评、指责以及轻蔑迹象的高度敏感性。因为他们自尊（又被称为健康自恋）的蓄水池是匮乏的或干枯的，因此对来自生活中的任何反映或暗示自身不足的"蛛丝马迹"，都有可能令他们做出羞耻和暴怒的反应。

这类青少年往往是父母和老师眼中所谓的"敏感"的孩子，觉得他们非常脆弱、抗挫力很差。而要真正帮助这类孩子，从根部解决的方法是积极关注其行为，并给予足够的镜映。

**区分需要和渴望是自己的还是孩子的**

值得注意的是，我们需要区分什么是父母及老师的需要和渴望，什么是青少年自身的需要及渴望，两者很容易被父母和老师无意识地混淆。

作为父母或老师，我们不可避免地有着我们自身对孩子的期待或欲望，如果我们按照自己想要看到的孩子的行为面向，我们就会有选择性地强化孩子特定行为及人格面向，而常常忽视孩子自身需要和渴望被认可的关键面向。当孩子长大成人后，也许他会有所成就，但常常内心充满冲突，在自己发自内在想要成为的样子与成为他想象中的他人想要他呈现的样子之间纠结，还容易形成所谓的"假性自体"，无法在他人面前展示自我真实的情感及内在行为倾向。这样不仅会让个体产生巨大的精神内耗，同时还会使得个体在面对一些挫折时好像一个脆弱的球体一样，容易产生"自体崩溃"。

**理想化体验需要：发展出理想与目标感**

什么是理想化的需要？

我们先来看下面两个五岁左右孩子的对话。

孩子1：你爸爸是做什么的？

孩子2：我爸爸是全世界最厉害的警察，他可以打败所有的坏人。

孩子2：你爸爸是做什么的？

孩子1：我爸爸是全世界最厉害的医生，他可以治好所有的病人。

作为家长的我们都知道，孩子在上幼儿园阶段很多事情都愿意尝试，很愿意成为爸爸妈妈和老师的小帮手，觉得自己可以做很多事情，有着对自我能力夸大的内在体验（又被称为夸大性自体），这具有发展的意义，因为这样能够使得他们拥有探索世界的勇气。与此同时，他们也会感受到自己的这种自我能力夸大的内在体验并不能让他们可靠地掌控这个世界，他们会在具体做事的时候，感受到并不是他们以为的那么回事。这个时候为了维护他们的内在体验以及维持其继续探索世界的勇气,他们就需要理想化自己的父母,认为自己的父母是无所不能的,而自己又是父母的"延伸",他们会在自己需要时出现,当他们感到无助或痛苦时,可以依靠父母的力量以及关照。这样,孩子就会获得继续探索世界、克服困难的勇气。

我们继续来说说理想化需要满足的现实生活的典型例子。

当一个不小心被绊倒,头上磕出了一个"鼓包"的孩子,哭着跑向妈妈喊"妈妈,疼……",这时妈妈吹了吹他的额头,就好像有魔法一样,孩子立刻像没事人一样。这就是日常生活中非常典型的父母满足了孩子日常理想化的需要。

那么,理想化体验需要即为:需要体验到自身钦佩和尊重的他人(通常是父母、师长、身边有能力的人、受尊敬的权威人物等)的一部分并受其保护;需要有机会被接受并融入稳定的、平静的、有力量的、智慧的、有保护性的他人,这个重要他人往往拥有主体所缺乏的特质。

理想化需要满足的过程及作用如图 8–2 所示。

| 当孩子感到焦虑、恐惧、挫败、悲伤时 | 理想化需要的满足(重要他人的理解、抚慰及支持)反复出现被内化、象征化、结构化 | 1. 促进发展及幸福感<br>2. 更具探索性、更自信<br>3. 更能忍受各种不适<br>4. 内化为理想和目标 |
|---|---|---|

图 8–2　理想化需要满足的功能图

当青少年因为现实生活中的一些事件被激惹，处在焦虑、恐惧、挫败或悲伤当中时，如果能获得来自他所钦佩和尊重的理想化重要他人的理解、抚慰及支持，青少年会感受并融入稳定的、平静的、有力量的、智慧的和有保护的他人，以此获得安全及稳定感，这种需求的满足经由反复出现会被内化、象征化、结构化，仅以"心理影像"的方式呈现（不需要生活中重要他人的具体支撑），也可以说是"心中住进爱的人"。同时，个体拥有了稳定的"内在安全感"（安心的自体-组织体验），会钦佩伟大的政治领袖、艺术家、科学家和他们令人振奋的思想，因此逐渐发展出自己的理想及目标。

这个过程，能够给个体的发展带来至少四种好处：

- 能有效促进青少年的顺利发展，并获得幸福感；
- 使得青少年更具探索性、更自信；
- 更能忍受各种不适感；
- 更容易拥有远大的理想和积极的人生目标。

如何满足青少年的理想化体验需要？下面是来自一个个案家庭的感人故事。

家里上初中的妹妹有一次因为一些痛苦的激发事件忍不住自残了，不同的是这个家庭接受了家庭治疗，妹妹可以更信任家庭成员了。这次她开始大声向家人求救："我太痛苦了，救救我！"此时，哥哥听到了妹妹的呼救声，急忙冲到了妹妹的房间，蹲坐在地上的妹妹一看到哥哥就抱住了哥哥的大腿，然后哭喊着说："哥哥，同学们老是嘲笑我胖，我的数学这次又没考好，我真的一点都不喜欢我自己，我觉得我很垃圾，我没救了……"哥哥一边抱着妹妹，一边语气坚定地回应道："妹妹，你不要听那些同学乱讲，不理他们，他们就是无聊的时候随便开开玩笑，你不要当真，你其实长得很好看，如果你真的想要身材更好一些，哥哥陪你锻炼。数学你也不要怕学不好，我的数学最好了，其实数学主要是找到逻辑规律及感觉，你别急，哥哥陪着你一定能把数学学好的，你可以的……"

当听到个案描述家里的这一温馨场面时，我的眼眶湿润了，我感受到了一个人在很无助时被另外一个更强大的个体全力地支持，以及这种支持是如何在这个脆弱个体的内在发挥作用，让其平静下来并逐步内化到内在，使得其内心变得强大的那种微妙过程。经过家庭治疗，现在爸爸、妈妈和哥哥均能够发挥出在妹妹需要的时候给予其理想化体验需要满足的作用，我想这样反复多次的理想化体验需要满足的叠加，一定会帮助妹妹走出她人生的困境，助她鼓起直面困难的勇气。

因此，作为父母和老师，最为重要的是：

- 保持正直、善良和勇敢，成为孩子钦佩及敬重的对象；
- 想要孩子发展成什么样子，首先自己努力成为什么样子；
- 接纳自我，实现自我的整合，好的、坏的都是自己。

> **专栏 8-1**
>
> **当孩子处在人生低谷时父母和老师的应对清单**
>
> - 允许孩子自己去体验、去试错，不剥夺孩子自我成长的机会；
> - 让孩子承担自我的责任；
> - 成为孩子的后盾，关键时给孩子撑腰；
> - 当孩子掉坑里后，自己勇于跳进坑里，给孩子爬出来的勇气，托举孩子爬出来。

## 孪生体验需要：发展出技能和才干

科胡特认为，从出生直至死亡，人类需要体验到与他人的基本相似性。科胡特对孪生体验需要有一段经典描述：

人们在孩子周围单纯地存在——他们的声音和身体的气味、他们所表达的情感、他们所从事各种活动发出的响声、他们烹饪和食用的食物散发出的特殊的香味——这些就在孩子那里创造了安全、一种归属感和参与感……这些感觉来自他确定感到自己是其所属人类社会中的一员。

结合科胡特之后的一些心理学家对孪生体验需要的理解，我认为其实就是我们每个人与另外一些人产生"相似性共鸣"的情感体验。同理，青少年在成长的过程中，以下的情境都可以满足其孪生体验的需要：

- 当一个男孩和父亲一起煞有介事地修理家里损坏的物品时；
- 当一个女孩和母亲一起煮饭、做家务时；
- 当父母和孩子共读一本书时；
- 当父母跟孩子分享自己对单位即将来临的考核的担忧时；
- 当孩子和他的同伴一起游戏、一起踢球、一起玩耍、一起分享追星体验时；
- 当孩子和他们的同伴一起经历学习及考试时；
- ……………

换句话说，就是当青少年和周围的父母、老师、同龄人一起经历着人类适应社会的一些共同的活动时，彼此之间产生的那种相似的情感体验，又被称为"同调情感体验"。此时就能满足青少年的孪生体验的需要，从而帮助他们发展出相应的技能和才干，有了技能和才干将有助于他们发展良好的社会适应性。

## 精气神的提升：增强核心自我功能的关键

要增强个体的自我功能，提升精气神是关键。一方面，精气神可以直接影响个体的自我功能，当我们的精气神好了，才有足够的"心量"去应对现实生活中的各种困难及挑战；另一方面，当我们拥有较好的精气神，也会使我们更有可能产生正性的情绪状态，进而产生较强的驱动力去完善自我的功能。

结合李辛博士所著《儿童健康讲记》一书中介绍的身体能量运转规律，以及我多年的临床心理经验，总结了一个对自我目前的状态的自测表（详见表8-1），提升我们和孩子精气神的具体做法，你可以通过表8-1的内容对自己先进行评估，然后聚焦于一个亟须做出改善的项目加以实践，然后观察自我精气神是否会发生变化。

表8-1　　　　　　　　　精气神自测表

| | 是 | 否 |
|---|---|---|
| 1. 有没有资源：身体有没有能量供给 | | |
| 运动（每周至少2~3次，每次半小时以上） | | |
| 睡眠（早睡早起、规律睡眠，充足，质量好） | | |
| 饮食（规律、健康、较少狼吞虎咽） | | |
| 小憩习惯 | | |
| 冥想静坐习惯 | | |
| 独处散步习惯（自我觉察与反思、思考） | | |
| 2. 神（精神）定不定 | | |
| 生活安排得满不满，行程安排得赶不赶 | | |
| 做事是否坦荡 | | |
| 有没有苛求自己 | | |
| 有没有求了不该求的（妄求） | | |
| 注意力是否集中 | | |
| 是否言行一致、心口如一 | | |
| 有没有按计划行事，尽到自己的责任 | | |

对于提高精气神的具体做法通常包括两大部分。

一是看有没有资源，即身体有没有能量供给。表 8–1 中除了运动、睡眠及饮食外，我还增加了小憩、冥想静坐以及独处散步三点。前两点都能让我们及时地补充能量；最后一点独处散步往往是我自我觉察、反思以及"琢磨""悟"生活中最近发生的事、看过的书、遇到的人的绝佳时候，会给我们带来认知段位的提升以及思维模式的转变，同时也是对最近所学知识归纳整理以及升华的过程，这是绝佳的人生享受时刻。

二是看神（精神）定不定。首先，松紧有度的规律安排是神定的基础。只有生活安排得松紧有度，就如同白天和黑夜交替往复一样，只有顺应了人的精神运动的自然本性规律，才能让自己拥有持续的精神健康。其次，降低精神内耗是神定不定的关键。常言道，身体累不叫真正的累，心累才是真的累。要想减少精神内耗，就要心不累，做到以下几点是关键。

- 做事是否坦荡。做事坦荡，就会减少内心冲突，使得精气神更容易聚焦在一个地方，从而不会神散。
- 有没有苛求自己，即对自我的要求是否超过了自己当前能承载的程度。一旦这种情况经常出现，人们就会出现力不从心的情况。因此，量力而行是关键。
- 有没有求了不该求的（妄求）。"妄求"的核心含义是自己所希望达到的境遇与当前自我客观条件不符合，甚至相差很大，但心中却无法接纳目前自我的实际现状，妄图不付出踏实努力而不切实际地跳跃过目前境遇。

- 注意力是否集中。日常生活中，脑中的思绪越多、越杂乱，注意力就越不能集中；而越是试图同时做多件事，就越容易注意力分散；而注意力越分散，自己的神就越无法安定下来，也就更无法做到精神集中。
- 是否言行一致、心口如一。如果个体言行不一致、心口不如一，就会增加内在自我冲突，这就会消耗心神，内在自我能量状态自然就会减退，会影响到心神安定。
- 有没有按计划行事，尽到自己的责任。按照计划行事时，就会让内在冲突减少。因此，不断地观察及调整自我的计划，让计划更符合自己能做到的实际情况，到达按自己行事的核心根本。另外，责任尽到了，自己的内心冲突也会因此减少。

第 9 章

# 身心语言程序：
# 有针对性的解决方案

## 第9章 身心语言程序：有针对性的解决方案

身心语言程序理论（neuro linguistic programming，NLP）是由理查德·班德勒（Richard Bandler）和约翰·葛林德（John Grinder）创立的。理查德·班德勒是一位数学家、完形心理学家和电脑专家，约翰·葛林德则是世界最负盛名的语言学家之一，他们一直在尝试着问一个问题："那些在某些领域成功的人士是如何思考问题的？这些大师是如何做到这么卓越的效果的？"与此同时，他们重点研究了美国第一代家庭治疗流派的大师维琴尼亚·萨提亚（Virginia Satir）、英国伟大的催眠治疗师米尔顿·埃里克森（Milton Erickson）以及完形治疗学派的创始人弗雷德里克·皮尔斯（Friedrich Perls）在治疗中他们的头脑是如何运作的。

通过了解这些大师头脑运作的模式，理查德·班德勒和约翰·葛林德归纳总结出一些基本运作模式的经验，并在这些经验的基础上开创了"能拿到成功快乐人生结果的模式"来帮助个体的人生实现成功快乐的结果，这个过程就组成了身心语言程序。

也就是说，身心语言程序的起源是研究卓越人士成功的模式，并把研究结果转化为一套一套的技巧程序，使其他人也能按这些程序成为卓越人士。所以，身心语言程序的基础是"模仿"，不只是模仿他人，还模仿自己，去发现自己的大脑和身体如何工作，把有效的经验总结出来，运用同一模式去使某些事的效果更好。

## 身心语言程序的作用

身心语言程序英文缩写NLP中的N指的是神经或神经链，它是我们的脑神经系统将头脑和身体联结在一起的纽带，以实现我们身心的相互影响。一方面，我们头脑中的想法可以经由脑神经系统操控我们的身体感官去与周围的世界发生作用（例如觉得孩子不认真学习，就会去管教他）；另一方面，我们的身体感官感受到的来自周围的人、事、物的反馈信号，也会改变我们头脑中的想法（也可以称作认知地图，例如发现只是单纯的打骂、教训、断网似乎拿不到想要的结果）。

NLP中的L指的是语法。我们与别人沟通时，以及我们内部的思考、想法均是以语言为凭借。同时，不同的人会产生不同的内部语言模式及外部交流模式，我们运用语言与别人进行交流，同时非语言信息（如身体姿势、语音语调、表达习惯等）反映了我们内在的信念、当下的内心状态及惯用思考模式，并由此产生人与人之间的相互影响。

NLP中的P指的是程序，是指我们固有的思想行为模式就如同计算机软件一样，是可以升级改善的。我们原有的思想行为模式中那些无效的部分，经由改善，升级成更有效的思想行为模式，便能在行动中取得更满意的效果。

身心语言程序理论认为，人的困扰来自内心贫乏的认知地图，只要足够丰富人内心的认知地图，就能帮助人解决困扰，过上更成功、快乐的生活。

下面，我在身心语言程序理论的基础上，结合个案及生活实践经验，汇总出了几条非常好用的定律，这些定律常被我用于指导家长及老师帮助青少年平衡好学习、成长及手机使用的关系。

## 替换定律

替换定律就是说，当我们有一项不想要的记忆或者是负面的习惯，我们是无法完全去除掉的，只能用一种新的记忆或新的习惯去替换它。

例子1：一位妈妈不想让儿子喝含糖量比较高的饮料，于是和儿子商量选择了具有类似口味的无糖苏打水。

例子2：一位妈妈不想让孩子过度使用手机进行娱乐消遣，就不断用孩子感兴趣的漫画小说、游泳、下棋等活动替代。

## 重复定律

任何行为和思维只要你不断地重复，这种模式在大脑中对应的神经链就会不断地得到加强。一个人的意识可以规范他的潜意识，我们把潜意识看作一块肥沃无比的农田，这块农田只会接收你种植的东西（思想行为模式），使其生长，并且能够获得丰厚的回报。

当你不断地重复没有效果的行为时，这种行为就会不断被固化。因此，不断让自己重复能够得到结果的行为，同时经常审视那些无法让自己得到结果的行为，并不断尝试新的思想行为模式。

既然我们会成为我们想成为的人，那么头等重要的事情就是调整我们的思维方式。

一位爸爸发现，把孩子的网络断掉并没有使孩子发生预想中的变化，孩子并没有因此收心把精力放在学习上，反而整日把自己关在房间里不出来了。他给孩子讲了很多的人生道理，发现孩子越发地躲着他。当这位爸爸了解了重复定律后，立刻停止固有无效的思想行为模式，同时他逐步把在我们的课程中掌握的方法用到与孩子的日常沟通上，开始给孩子更多的自主权和尊重，当这个部分做得充足后，再使用简短有力的语言来督促孩子不断地重复有效的行为，慢慢地也就得到了想要的结果。

## 因果定律

俗话说"种瓜得瓜，种豆得豆"，任何事情的发生都有其必然的原因，即有因才有果。你想要什么样的"果"，就需要在对应的"因"上投入足够的时间和精力，而你今天的"果"是你过去种下的"因"导致的。

一位妈妈意识到，她每次在自己忙得筋疲力尽时管孩子就特别不耐烦，无法做到好好说话，更多的是在发泄情绪，当然也得不到想要的效果。通过学习了我们的课程她发现，要教好孩子需要先回到自己身上、照顾好自己，减少其他方面的忙碌，留足精力用来陪伴、支持和引领孩子，并且要持续成长，增长智慧来做真正能助力孩子拿到结果的"因"。经过一段时间的摸索及我们的指导，孩子的学习动力发生了很大的变化。

## 整体平衡定律

整体平衡是这个世界上最为重要的法则，具体包括以下几个方面。

- 只有平衡才能长久。例如，人要在学习、工作、娱乐、财务及健康等方面取得整体性平衡，才能获得长久的幸福和安宁。过度努力与过度休闲都必将失衡。
- 本人的内心要平衡。本人内心是否平衡指我们身心是否一致，表里是否如一。
- 对他人要平衡。对他人是否平衡指有没有容许他人有与自己不一致的部分、有没有给对方留够充足的空间。
- "我们"要平衡。"我们"是否平衡指两个人相处时信念及价值观是否一致，是否对彼此都有利。例如，当与人谈话时，是否会兼顾两个人彼此的需要，抑或只在意自己的需要。
- 更大的系统要平衡。更大的系统是否平衡指我们所做的事对家庭、所在单位、社会乃至整个世界是一个怎么样的关系，有没有伤害到更大的系统。

结合上述这几条定律、前面几章所介绍的智慧知识及有效做法、青少年自身的特点，不断地更新原有无效的思想行为模式，升级为新的有效的思想行为模式，并在生活中不断践行，就一定能帮助你获得不少好的结果。

接下来，我用具体的案例来展示如何将身心语言程序理论结合到归属感、自主感、胜任感的提升以及核心自我功能的改善当中，帮助家长和老师真正从根部解决孩子的手机上瘾问题，达到孩子健康发展的目的。

## 归属感培养：自我分化能力提升示例

小青在学校不太敢表达自己的真实想法，非常在意他人对自己的看法，经常用讨好的方式和同伴进行交往，往往不仅得不到重视，而且还感到其他同学对她的孤立，使得她在学校经常陷入如何改善与同学关系的心事之中，无法安心学习。渐渐地，小青的学习成绩越来越差，不愿去上学的想法也就越来越强烈，对手机的依赖也越发加重了。

小青的妈妈在学习了我们的课程后意识到，自己原有的一味地抱怨小青"不努力学习，就知道玩手机"只是小青沉迷手机、无心学习的冰山一角。同时，之前仅仅通过断网和控制小青的手机使用,并不能真正得到自己想要的结果,也没能真正改变小青不愿意上学的想法。

## 第一步:检视无效的思想行为模式

小青的妈妈专门给自己一周的时间来评估和检视自己在家里无效的、习以为常的固定互动模式。她发现自己经常很焦躁,看到小青并没有按照自己的心意学习,就不自觉地想要抱怨她。不仅如此,她还发现,这个家无论是小青爸爸还是她自己,如果遇到不如意的事或者疲惫了,都会朝小青发脾气,却从来不会冲着"不好惹、脾气坏"的小青的姐姐发火。似乎家里人都对姐姐"犯怵",却动不动就会对一向"好脾气"的小青横加指责。小青成了家里"三角化"的对象,成了全家人坏情绪的转移聚焦点。这一发现令小青妈妈很痛心,她感到有些内疚与自责。

带着这一发现,小青的妈妈又重新学习了"归属感的搭建"相关知识,并着手为自己制订了新的思想行为模式,用来替代原有的旧的思想行为模式。

## 第二步:滚动式升级有效的互动行为

小青的妈妈用下面的两个部分来升级自己原有的身心语言程序。

一是对自己。先有意识地提升自己的自我分化能力,也就是把自己的情绪遥控器掌控在自己手上,为自己的行为选择及情绪感受选择负责，想办法做些令自己感受好的事，及时地补充自己的精力；接着，有意识地减少白天的工作量，提高工作效率，留些精力晚上回去陪伴小青，给小青提供更有效的支持。

二是对小青。在小青放学前就提前琢磨给小青做什么好吃的，当她回家后先让她休息一会儿以补充精力、调整心情。例如，妈妈会询问小青在学校有没有发生什么开心的或不开心的事、是否需要父母的支持、今天的任务有哪些、准备如何规划等，允许小青落实规划的过程就如同自己落实规划的过程一样没有那么理想化，尊重小青自己的选择。当信任关系逐渐恢复后，开始支持小青勇敢地做自己，不委屈自己的感受，学会启用理智引导系统，做自己情绪的主人，对自己的情绪做出调整，把手头能做的事情做好，找回内在好的感受。慢慢地，小青就能不卑不亢地与同学交往了。

一段时间后，因为有了家庭的支撑，以及逐渐做好了当前最该做的事，小青内在的底气越来越足，就同伴对自己的反馈也变得越来越没那么在意了。现在小青结交了一些好朋友，也越来越愿意去上学。手机和学习之间的关系平衡得也越来越好了。小青妈妈也得到了自己想要的结果。

## 自主感培养：从根源处解决问题示例

周末孩子捧着手机不放，在手机中耗费的时间太久，不能自控。除了看手机，几乎没有其他休闲娱乐的方式。

针对这一问题，我们来介绍一位父亲（港大爸爸）是如何把孩子从沉迷手机的状态调整到热爱学习、热爱体育活动，最终考上香港大学的故事。

## 趋源、趋简——人生问题解决的总方向

我们生活在一个复杂的社会系统中，只要找到事情产生的根源，找到关键点发力，就可以用更简单的方法解决困扰。人生并不是更累、更辛苦就一定能得到想要的结果，这就像很多父母一味地抱怨和批评孩子手机玩得多，嘴皮都磨破了却解决不了任何问题一样。所以，每当此时应停下来思考、观察事情的根源，远远比继续按照已有的无效思想行为模式做事更重要。经过一段时间的观察、学习与思考，慢慢厘清自己的目标和方向，并升级改造原有的思想行为模式，才更有可能得到好的结果。

## 第一步：检视自己以往在和青少年互动的过程中的无效行为

我们以港大爸爸为例，可以展开如下自我对话。

港大爸爸自问：我想要我的孩子变得怎么样？（确定升级目标）

港大爸爸自答：我想他周末能够有丰富的活动，能更好地规划自己的生活，休闲娱乐不只是寄托在手机上。

港大爸爸自问：我已有哪些做法是无效的行为？（检视无效行为）

港大爸爸自答：看见孩子手机用得多就指责、批评、骂他、吼他，并没有仔细反思过孩子之所以这样的根源是什么，并没有为孩子提供支持性的解决方案。

港大爸爸自问：那我接下来怎么做？（思索升级行动模式，寻找根源）

港大爸爸自答：第一，观察和思索孩子为何会这样；第二，向做得好的家长或专家求教；第三，参加相关培训课程，扩充自我内心认知地图。

港大爸爸自问：我准备如何落实以上三点行动，也就是需要列出行动计划？（落实行动计划）

港大爸爸自答：第一，用一周的时间先观察自己、孩子和整个家庭现有的行动模式，并进行相应的思索；第二，本周，留意和打听身边那些在这方面做得好的家长和专家，找到后约时间与其进行深入探讨；第三，本月，搜索相关培训课程，报名扩充自我内心认知地图。

## 第二步：滚动式升级有效的互动行为

要达到解决问题的目的，需要逐步滚动式升级思想行为模式的过程，在这个过程中不断运用身心语言程序的前提假设——没有失败，只有反馈。

不断去观察，一是，什么样的新的思想行为模式可以达到你想要的结果：孩子周末开始参加丰富的活动，开始规划自己的生活，不只是寄托在手机上。这就表明是有效的，继续保持，并不断随着时间的推移实现滚动式升级即可。

二是，什么样的新的思想行为模式的尝试并没有达到想要的结果。这一反馈表明，所做的事情还不在根源上，需要再次修正，直到取得好的结果。

## 胜任感培养：减少分心行为示例

一位父亲经过对上初一的儿子小麦的仔细观察，评估到他的胜任感受到伤害、无法在学业上有明显的改观，其中一个重要的影响因素是他容易被外界诱惑干扰，故而不能将精力集中在当前的学习任务上，导致效率下降。效率低又会引发不良情绪产生，不良的情绪感受又会不自觉地增加他对学习的回避行为，故而产生了恶性循环。因此，小麦很容易到手机中寻找快乐、轻松的愉悦感，以回避学业挫败带给自己的痛苦。

### 第一步：检视无效的思想行为模式

小麦的爸爸经过学习这套有用的方法体系后，找到了一个合适的时间和小麦一起探讨导致其分心的思想行为模式，并逐一列出了导致小麦容易分心的具体场景。

- 学习过程中，容易被其他的外部干扰源（如同学发来的信息、家里来了客人）吸引，使得自己偏离当前学习目标。

- 目标不明确，例如学多长时间、学习什么内容、休息多久再开始，常常在学习时不自觉地起身去喝水、上厕所、东摸摸西看看。
- 学习过程中，容易被脑子里的内在干扰源打扰（如写着这项作业，又开始想其他作业，或其他要干的事，比如和爸妈商量一件看似要紧的事）就由着自己的想法，产生了跳转到了其他任务上的行动，因此偏离了目标。
- 想心事，人在心不在，没有真正投入到学习中。
- 遇到多道难题时，产生挫败感，进而就不想继续学下去了，此时最容易看手机或看闲书。

## 第二步：程序定制，升级原有的分心程序

小麦的爸爸运用胜任感培养及手机健康使用的科学路径中的知识，帮助小麦一起制订了如何将原有的无效思想行为模式升级为更有效的思想行为的身心语言程序。

- 将学习时间与处理生活中杂事的时间明确分开。根据小麦同学的年龄阶段及个人特点，安排自己假期或周末在家学习的每个固定学习时间段暂定为 30 分钟，在这 30 分钟内只聚焦一个学习目标。在学习前使用"反复铭刻"技术，有意识地默想自己的目标三遍："在接下来 9：00—9：30 这个时间段，我要把我的精力集中在数学作业练习卷上。一次只做一件事就一定能帮

## 第9章 身心语言程序：有针对性的解决方案

自己得到想要的结果。"如果要回复信息，可在9：30—9：40分回复。

- 主动启用自我觉察性来监察自己的学习过程，一旦发现偏离了这30分钟的核心目标，就再把自己拉回到任务上。需要给自己一个过程，只要带着觉察和及时调整的思想，一段时间后大脑的神经系统就会被固化，自己说好在哪个时间段干哪件事就会变得特别有效。

- 如果是属于自己脑中出现了想要干的事，就先记录在本子上，并运用"时间盒子的理念"给这些任务安排个固定的时间段。当想法有了可以安放的地方，它就不再困扰自己了。

- 如果自己有心事，也给自己安排一个固定的时间"想心事"，如果这件事是当前难以处理的，就让自己主动放一放，随着时间的改变，事情就会逐渐明朗，并允许让自己承受相应的心理痛苦。

- 提前做好心理预期，如果遇到难题，先判断是高难度还是中等难度，对于高难度的就先放一放；同时，思考自己相关的知识点哪些需要补充，可以安排在什么时间段来补充，做完这套题后可以请教谁。如果该练习卷是中等难度，就问问自己如何才能突破，可以试试自己去解决，如果解决不了，也可以先放一放，再安排出专门的时间研究或请教他人，并告诉自己学习是个逐步积累的过程，累加效应超乎自己的想象。

脱"瘾"而出：如何让孩子放下手机

## 核心自我功能培养：6S 简易评估法示例

这部分我们通过分析王芳的案例，来展示如何采用 6S 简易评估法来找到增强青少年核心自我功能的着力点，制订相应的身心语言程序，以增强其核心自我功能，让她的心灵的"马达"得以良好地运转。下面是王芳的妈妈主诉：

王芳，女，上初中二年级，爱玩手机，不喜欢学习，学习成绩中等偏下，她在家也不做什么家务。平时的睡眠还可以，可到了节假日作息就没有规律了，缺少体育锻炼。同学关系较好，在学校里有不少朋友。在家却很少和爸妈说话，有时爸妈多说两句，就关在房间里不出来了，爱生闷气。

依据前面介绍的 6S 简易评估法及核心自我功能的组成，分别让王芳的妈妈来判断王芳在核心自我功能的这六个方面（自尊、学习、社交、运动、睡眠、清扫），按照 1~10 级的评分标准进行评分，1 分表示极弱，10 分代表极强，以此来初步判断王芳的核心自我功能在这六个方面的现状。王芳的妈妈按照这种方法对王芳的核心自我功能评定出了结果（详见表 9–1）。

按照我们模型图中身心语言程序的工作原理，可以针对表 9–1 中的评价结果尝试有针对性的、新的、有效的思想行为模式，帮助王芳改善其自我功能。

表 9–1　　　　　　　王芳的核心自我功能的评价结果

| 6S 自我功能条目 | 1~10 级评分 | 改善聚焦点 |
| --- | --- | --- |
| 自尊 | 4 | ★★★★★ |
| 学习 | 4 | ★★★ |
| 社交 | 8 | ☺☺☺☺☺（优势聚焦） |
| 运动 | 2 | ★★★★★ |
| 睡眠 | 6 | ★★ |
| 清扫 | 2 | ★★★ |

## 欲调其"行"，先调其"心"：提升"自尊水平"要放在首位

我发现，临床中遇到的发展受阻、处在各种情绪问题以及行为问题的青少年，多数都经常处在"心力耗竭""有气无力"的状态，也是因为缺乏"心力"，使得其没有行为的驱动力去学习、运动、社交、整理内务或做感兴趣的事（这些均体现在外在行为上），同时又让他们处在既疲倦又无法正常入眠的状态。

因此，我们需要先用"调心"的方法让青少年有前进的"心力""心劲"，即有活力去迎接生活中的困难和挑战，也就是通俗上讲的内在的驱动力。因此，提升青少年的自尊水平、让青少年可以更多地接纳自我、拥有自我的效能感，是有精神活力的关键。言语说服及有效监督是自尊水平提升的两大维度。

一方面，父母和老师通过言语说服来提升孩子对自我的信心，可以采用下列魔术话语：

你的学习能力没有问题（强调有学习能力，如果过往有对应的例子就再举例），只是过往因为种种原因，你暂时（一定要强调暂时，也就是暗示未来会发生变化）无法做到有效的学习投入，因此才会产生对应的成绩。只要你想办法让自己能够更多地有效投入，你一定会对应产生学业的变化，因为要想有所收获，肯定要对应付出的，我相信你肯定行（语气要坚定）。

同时，可以按照前面介绍的技巧及方法来满足其镜映体验需要和理想化体验需要，以增强其内在的驱动力。

另一方面，通过有效监督，真正督促孩子能够增加其有效的学习投入行为。当其不断投入时，就能体验到自己因掌握更多知识带来的愉悦感、充实感和成就感。

外在现实层面真正发生了变化，也就自然提升了其对自我的效能感；效能感增强了，自尊水平自然会提升。

这样，孩子的学业胜任感就会逐渐得到改善。

父母也可以用科胡特的三种体验式需要的相关知识来帮助青少年增强"精神活力"。

## 欲调其"心"，亦可先动其"身"：运动功能的改善也要放在重要位置

调心的过程为什么可以通过调节身体来进行呢？因为身心是相互影响的，改变一个，另一个也会随之改变，即我们的内在心理体

## 第9章　身心语言程序：有针对性的解决方案

验是有身体的生理基础的。

我们的五脏六腑与七情六欲紧密相连，《黄帝内经》中有讲："怒伤肝、喜伤心、忧伤肺、思伤脾、恐伤肾"。

情绪与情感是有对应的生理机制的。例如，当我们遭遇危险时，会激发我们产生"恐惧、恐慌"的情绪感受；当我们恐惧的时候，我们的身体也会因此而产生一系列"应激反应"，如呼吸变得快而浅、瞳孔放大、心跳速度加快、皮肤及内脏血管的广泛收缩、支气管扩张、肝糖原分解加速、胃酸分泌增大，等等。这些应激反应，是通过自主神经系统中的交感神经系统，引发肾上腺激素分泌增加，从而发生上述变化的。

这样的反应有其适应意义，即短时间内调动身体大量的潜在力量及资源以适应环境的剧变，从而增加存活的概率。动物学家的相关实验表明，如果切除了动物的交感神经链，那么动物应对危机的能力就会大大减弱。

同样，当我们做剧烈运动时，也会引发交感神经系统发生上述反应，增强心肺功能，而心肺功能的增加，有利于我们更好地应对外界的危险，也会让我们感到更"安全"或更有"生存适应性"，进而增强我们应对外界危险的信心，因此就能增强我们"心的功能"，让我们有"心量"去克服学习的困难、人际交往的困扰及增强自我调节功能。

因此，老师及家长们可以不断强调身体力行，鼓励及督促青少年坚持一项运动；老师及家长们还可以提前做些功课，讲清楚运动给青少年带来的好处，不断强化他们的认识，语气要坚定，同时以身示范，自己先坚持一项运动。

运动所起到的作用是牵一发而动全身的，可以有效地提升我们将想法落实到行动上的能力。同时，运动增加了，睡眠自然就能够改善了，而睡眠改善精力就会得到补充，自我心的能量又会得到增强，此时身体力行去整理内务，也就变得更有动力了。

**优势聚焦：借优势韧性模型来促进其他自我功能的改善**

王芳的优势自我功能是社交功能，可以对这个方面给予"积极关注"，提升其对自我的信心，并引领其运用较好的社交功能来获得同伴、老师及家长的支持，来提升其他方面的自我功能。

身心语言程序理论的一个核心理念是把"问题"看成个体的某个部分。例如，有家长说"我的孩子就是爱玩手机，停不下来"，运用"问题代表个体的某个部分"的理念，我们可以换成"你的孩子有个部分爱玩手机，停不下来"。然后根据以下四个步骤，用王芳的"优势资源部分"来助力纠正其"劣势部分"。

- 步骤 1：搜索已有优势。对青少年来说，搜索他们有动力去做，同时能持续规律地做到的事。对王芳来说，和同伴交往一直是她很愿意去做的事，并且是一直能做好的事。
- 步骤 2：构造优势韧性模型。去主动建构属于自己的优势韧性模型，欣赏自己在人际交往部分的优势，并觉察自己是如何做到的。王芳的妈妈带领王芳发现，她会主动和小朋友交往，并在交往的过程中获得了很多心灵的满足感。

- 步骤3：应用。将这种主动并得到好的感觉的模型应用到当前的困境——"学习"当中。
- 步骤4：实践。尝试将主动并获得好的感觉的模型用在"学习困境"上，开展科学实验，目标不是为了快速得到学习的好结果，而是为了努力保持"韧性"。

第 10 章

# 手机健康、积极使用的路径

## 第10章 手机健康、积极使用的路径

亚当·奥尔特博士说过："一开始就做预防上瘾的事，远比纠正现有不良行为模式要容易得多。"我在做大量青少年手机上瘾个案工作的过程中也有类似深刻的体会，面对青少年手机上瘾行为我们要做的是"未雨绸缪"，而非仅仅是"亡羊补牢"。

作为一出生就接触手机等电子产品的一代，家长和老师教给孩子们的除了传统意义上的如何生活、如何与人交往、如何学习之外，还得加上如何健康、安全地使用手机等电子产品。例如，针对特定年龄阶段的青少年，手机用多久才合适；互联网可以给孩子们带来哪些风险；孩子们到底如何使用手机才不会影响他们的学习及健康成长。

基于此，本章我主要从开展的相关研究以及心理教育实践过程中总结的一些有益健康的理念介绍给广大家长及老师们，希望家长和老师们能将这些好的理念传播给孩子。同时，不断践行这些理念，逐渐形成一套对自己的孩子及家庭适合的手机使用方式，让手机助力他们的健康成长，预防上瘾行为。

## 什么时候给孩子配手机合适

什么时候可以给孩子配手机？这是家长最常见的问题。有关这个问题只有参考答案，并没有标准答案。孩子生活的地域不同、所上学校的文化不同、家庭特点不同，给孩子配手机的时间就有所不同。但家长可以遵循以下两个原则。

原则一，给孩子配备专门的手机最合适的时间通常是五六年级到初一这个阶段，即青春期早期发展阶段。

在这个年龄阶段的孩子有个重要的发展需要——融入同伴，即同伴交往对他们的影响已经开始超过父母和老师对他们的影响，因为融入同伴才能帮助他们逐渐脱离父母和老师的羽翼呵护，逐渐过渡到属于自己相似年龄阶段同伴群体的"新天地"，这样孩子才能逐渐学会社会适应，这是有重要发展意义的。

而在当今这个时代，青少年们获得信息的渠道以及相互交往的方式都已经互联网化了。就像青少年们周末约在一起面对面玩联机游戏，这是他们这个时代一种独特的交往方式。孩子不接触手机或用得不够都会影响他们的同伴交往及融入。他们需要有共同可聊的话题，他们上网玩游戏最重要的吸引力是和同伴一起，而最大的价值也是获得因交往而带来的安全感。就如前文有关归属感的阐述那样，这是孩子能安心学习、愿意去学校上学的比较重要的一环。

原则二，参照孩子所在班级的同学拥有手机的比例。

家长可以询问同班 10 名以上的家长是否给孩子配备了手机，以此作为是否为自家孩子配备手机的依据。很简单，给孩子配备手机，除了让孩子了解和熟悉这个世界之外，一个主要的原因是同伴融入问题，如果大部分同学没有配备手机，孩子就会觉得没有手机也很正常，而且大家交往的方式、聊天的内容也会建立在没有手机的前提下，就不会影响孩子的同伴融入；反之亦然。如果大多数同班同学有手机，孩子自己没有就会影响他内在的自尊感，同时因为没手机也使得他无法参与到很多同伴的交往活动中去。

## 什么时候立规矩最有效

给孩子配备了手机后，不要着急交给他，否则容易失控，引发上瘾行为。

这个时候需要先给孩子立好手机使用的规矩，而且这个时候立规矩也最有效，因为手机是孩子心心念念想要获得的东西，这个时候你说的话孩子最容易听进去。下面是一位优秀的家长给孩子手机时的关键对话，供家长和老师们参照使用：

孩子，现在你已经骄傲地拥有了一部手机。作为一名优秀的、有责任心（强调责任心）的 12 岁男孩，你理应得到这份礼物。不过在接受这份礼物的同时，你还需要遵守一些手机使用的规则，请把下面的手机使用合约认真朗读一遍，我希望你能明白我的职责是把你培养成一个身心健康、全面发展以及对社会有益的人。我给你配备手机是因为我希望你能适应这个时代的新技术,并能在使用它时掌握主动权,且不被它控制。如果你没有遵守下列约定,我有权终止你对这部手机的所有权,这点是受法律保护的。

1. 这部手机的物品归属权在妈妈这里,因为手机是用妈妈通过辛苦的工作挣来的钱买的,它只是借给你使用。

2. 如果妈妈得到了有关你使用手机方面的投诉或发现了你不健康使用手机的蛛丝马迹,例如接触了非法网站,妈妈有权查看你的手机使用记录。但正常情况下你可以保留你的隐私权。

3. 妈妈和爸爸打电话给你,你一定要接听,因为这是妈妈和爸爸同你联系的重要渠道,接听电话一定要说"你好",要有礼貌,永远不要因为手机显示的是妈妈或爸爸就故意不接。如果你对妈妈或爸爸有情绪,你可以直接表达。

4. 周一到周四晚上7:30,周五和周六日晚上10:00准时把手机交给妈妈或爸爸。我们会关机并充满电,到第二天早上7:30我们会把手机还给你。

5. 非特殊情况,手机不能带到学校,你要学会与那些短信联系的人面对面地聊天,因为这是一种生活社交技能,有利于你交到朋友。如果特殊节假日或有外出活动可另行考虑。

6. 如果手机摔坏了、丢掉了或要更换零件,你需要负责维修并承担相应的费用,如果你的零花钱不够支付,你可以通过承担更多力所能及的家务或自己想办法挣钱来支付。建议你平时可以管理你的零花钱及过年的压岁钱，存一部分作为应急用，因为这样的事情难免会发生，你需要做好准备。

7. 只能用手机搜索和浏览那些你可以坦然和妈妈沟通和交流的内容。如果你有任何问题，可以主动找人交流，最好可以问妈妈和爸爸。

8. 在公共场合要把手机设为静音，并且收起来放好，尤其是在餐厅、电影院或和另一个人交谈的时候，你不是一个没礼貌的人，不要让手机改变这一点。

如果你违反了上述约定，妈妈有权把手机收回来。

## 设定健康使用时间

很多家长困惑孩子使用手机多久才合适？这个问题也没有统一的答案，但只要掌握下面三个法则就能帮助青少年健康、积极地使用手机。

### 年龄线法则

原则上，随着年龄的增长，青少年使用手机等电子产品的时间也要随之增加，即使用手机的时间与年龄成正比。

而且，年龄越小（如小学四、五、六年级），父母和老师应该在如何健康使用手机这点上对孩子所做的工作要多一些，也应更重视一些。在小学高年级、青春期早期这一关键阶段是形成健康使用手机理念的关键期。这个时候孩子形成对用手机等电子产品上网的健康意识可以预防初中阶段的手机过度使用行为。

处在青春期早期的小学高年级阶段的青少年，无论是生理需求还是心理需求，仍然会依赖父母和老师，因此父母和老师对孩子的影响和引领作用更可能展现出来。一旦进入初中阶段，同伴对他们的影响就会超过父母和老师。同样，小学阶段的教养方式对于初中阶段的孩子就不太管用了。当然，这也是符合生命发展规律的。

同时，年幼的时候在手机等电子产品上所花的时间、使用的方式影响着我们余生与世界互动的方式。如果我们能及早帮助孩子达成健康的平衡，比日后纠正不健康的模式要容易得多。所以，预防永远要比治疗更为重要。我接触到太多因为孩子滑入成瘾的深渊，而使得整个家庭步入崩溃边缘的触目惊心的例子，一旦"病入膏肓"，要想救治，就需要动用大量的人力、物力以及财力，收效却不甚理想。

## 健康性法则

手机的使用要以不影响孩子的学业和身心健康发展为原则。详细来说，手机的使用不能影响青少年的正常生活作息、运动、学业以及正常的社交活动。当然在青少年与家长或老师之间对于手机的使用感知标准是不尽相同的。我们团队专门从手机使用政策制定的五大层面，对比研究了1300多名中小学生的家长、教师以及学生

第10章　手机健康、积极使用的路径

本人对手机使用以及手机管理政策制定的感知差异，发现这两类群体对以下几个方面均存在显著性差异：

- 青少年使用手机是否影响学习；
- 是否应该禁止在校使用手机；
- 现在学校制定的使用手机规则是否有效；
- 如何改进当前的使用手机规则方面。

以社交为例，青少年会认为他们用手机或电子产品上网的一大需求是要看看同伴的动态以及和同伴保持联系，在这个时代线下社交逐渐更多转向线上社交，而父母们却常常认为他们只要用手机就是在玩。

青少年常常抱怨：

只要我一拿起手机，父母就觉得我在玩游戏或看短视频，影响了学习。他们经常会武断地认为，学习成绩没有达到预期水准都是手机惹的祸，其实我只是想和朋友聊聊天，缓解一下压力和紧张的情绪。

因此在执行健康性法则时，要参照第三个法则——平均值法则。

## 平均值法则

平均值法则就是为了统一家长和孩子在手机使用认知上的差

231

异，从而达成可执行的使用协议而提出来的。家长及孩子所认为的恰当的上网时间是不同的，且不同年龄阶段的孩子使用网络的时长也不同。一个孩子和家长都能接受的上网总量一般是在同一个区域的同年龄阶段孩子的平均使用时长。父母和孩子可以一起问问同班至少 10 个以上的家庭，了解他们中同学的家庭网络使用规则及使用时间，以此作为参照标准，再拟定自家的使用手机协议较为科学。

另外，值得注意的是，让孩子过少地接触网络，同样也会对孩子的发展造成伤害，一定要保障孩子的适度用网权益，才可以确保孩子能用心学习，健康交往，顺利发展。

接下来，我们简单介绍一下不同青少年时期用网多久才合适。

## 不同年龄阶段用网多久才合适

按照发展心理学家埃里克·埃里克森的人生发展八大阶段理论，小学阶段最重要的是获得勤奋感，克服自卑感。这一阶段的孩子在学校逐渐习得适应社会、掌握今后生活所必需的知识和技能。如果他们能顺利地完成学习课程，就会获得勤奋感，当该阶段的孩子的勤奋感大于自卑感时，他们就会获得有"能力"的品质，这使他们在今后的独立生活和承担工作任务中充满信心；反之，就会产生自卑。

因此，建议在青少年早期（小学 4~6 年级）：周一至周五每晚上网时间不超过半小时；周末，每日 1~2 小时的上网时间。这一特殊阶段，父母最重要的是培养孩子的学习品质，及为他们提供真正对其有所帮助的"脚手架"支持。

建议在青少年中期（初中阶段）：周一至周四，每日上网时间半小时左右；周末每日 1~3 小时的上网时间。

建议在青少年晚期（高中阶段以住校为主）：周一至周四按照学校规定来，周五晚在保障孩子正常入眠的前提下，可以由孩子自主安排，好好地缓解一下这一周的疲劳，满足用网的内在需求，让大脑前额叶得到充分放松。周末慢慢信任孩子，由孩子自由安排以实现向成人期的过渡。

在应用上述手机上网使用时长标准时，通常要留意以下的注意事项。

第一，上述标准只是参照标准，不是绝对的标准，主要还是参照上述的三个法则来制定自家孩子的使用手机时间。

第二，在特殊的节假日，即便超出了规定时间也是合理的。合适的用网时间可以帮助孩子缓解因为学习紧绷的神经系统，和朋友搭建友谊，获得安全感和归属感，这也会使得孩子更容易投入到学习中。

其实我最想说的是，以上给出的使用手机上网时间只是相对"理想化"的建议。而且真实的情况是每个孩子、每个家庭都不一样，我真的也遇到过周一到周五认真学习，周末很多时间都在用手机的初三的孩子，各方面发展得也不错，因此，健康的发展是最重要的。

## 善用多元化策略：用对了，本身就能预防上瘾行为

多元化策略是帮助青少年健康安全使用手机最有效的策略之一。该策略共包括两个部分：第一，手机上网用途的多元化；第二，日常休闲生活的多元化。

### 手机上网用途的多元化

手机使用用途多元化是一种更为安全、健康的手机上网模式。已有研究表明，单一性上网，也就是孩子使用网络的用途较为单一，比如只看视频、只玩游戏、只看网络小说或只社交聊天等，很容易使孩子产生条件反射行为，导致不自觉地沉迷其中。因此，要引导孩子们使用手机的多种应用程序。一般来说，手机的主要几种用途（社交、玩游戏、获取信息、学习、购物等）青少年最好都能接触到，即使玩游戏，也要玩多种不同种类的游戏。因此，父母要多给孩子创造机会让他能多样化地使用手机，以满足其日常生活所需。这样，使用本身就能预防成瘾。

> **案例分析**

### 引领孩子多元化使用手机

有个智慧的妈妈很会引导孩子，她会主动降低"心理身高"，她会跟孩子说："宝贝，网络你比妈妈玩得转，妈妈有些out了，

你可以帮妈妈在网络上找找教化妆、科学家居整理、营养膳食搭配等方面的知识吗？如果你发现网络上一些好用的新功能，一定要及时分享给妈妈哦。"

此外，如果要制订家庭旅游计划，或者给家人挑选礼物，她也会让孩子参与和代劳。这样不仅无形间帮助孩子养成了手机使用用途多元化的健康习惯，还能提升孩子的"心理身高"及自尊水平。

## 日常休闲生活的多元化

依据我们的研究结果，无论是成人还是青少年，使用手机非常重要的动机因素是无聊或学习及工作疲劳了，想要缓解脑疲劳。

多元化的休闲娱乐方式，如与同伴一起下棋、户外运动、手工制作、弹琴、阅读等，使得我们可以不用只通过观看手机上的短视频、热播剧、网络小说或玩游戏等来消遣，这样会对我们的精神健康更有益。

### 案例分析

#### 我们一起探索多样化的活动

我的一个学员在学习多元化策略后，就在现实生活中开始践行，提前和孩子商量（满足其自主的需求），探索丰富的多元化活动的周末休闲时光，让孩子有探索和体验生活的机会，如和孩子一起去攀岩、约孩子同学的家庭一起周末徒步、骑行、玩剧本杀等。

在这个过程中，不仅满足了孩子内心体验丰富生活的需要，而且最重要的是能帮助孩子在探索多元化生活方式的过程中，不自觉地发现自己想要的生活以及想要成为的人，从而更有可能助其顺利度过青春期发展的迷茫，帮助他们尽早有自己人生奋斗的目标。

同时，该学员对孩子使用手机的时间有一个清晰的界限，允许孩子每天都在一个固定时间段（通常是在孩子做完户外活动或完成了当天的功课后）使用手机。她在拿给孩子手机时说："儿子，妈妈给手机充好电了（突显孩子在意的价值），尽情地放松下吧，你体会下完成任务后再玩是不是会更爽？"这样，孩子在这个过程中慢慢就学会了给自己安排多元化的生活，同时慢慢学会了平衡好手机和学习的关系。

• • • • • • • • • • • • • • • • • • • • • • • • • • • • • • • • •

很多家长也会有这样困惑，会说"关键是孩子大了不愿意和我们出门怎么办"。要克服这个困难，把握好以下两点非常重要。

第一，这个年龄段的孩子在意的是要好的伙伴，如果能主动和孩子要好的伙伴的家庭结伴出行，往往能得到不错的结果。同时，活动的形式也多问问孩子的意愿，让孩子有自主选择权。

第二，一起出去时营造好的感觉氛围。千万不要想着借着这个

"难得相处机会"给孩子灌输自己的教育理念，不自觉地说教。这个时候只需要一起去享受和体验整个活动的过程，就有精神的力量灌注到孩子的内心深处，从而给孩子提供了学习和成长的内在力量，这就已经得到了好的结果。

## 学习专区和休闲专区分开

经常有青少年给我诉说下面的烦恼：

老师，其实我在学校里的学习效率是很高的，大家都学习，就有学习氛围，我一下子就能进入到学习状态。可是一回到家我就懒了，没有动力了，就会忍不住地刷手机，尤其是看短视频，一刷就停不下来，时间一下子就过去了，所以作业经常拖到很晚才开始做，而且效率也不高，时间久了，我对自己越来越没信心了……

父母只要有意识地帮助青少年在家做功能区域的分割，即把休息放松的地方与学习的地方做严格的区分，创建学习时好好投入学习、休息时充分休息的分割理念，并引领孩子由被动放松变为主动放松。放松好了，充好"电"的孩子在该学习时才能学得进去。

之所以要设置学习专区和休闲专区，是因为当学习专区的凳子等环境线索与学习行为反复搭建联结后，学习专区这一环境线索就能与大脑的学习反射之间建立一个"暂时的神经联结"，时间久了，这个暂时的神经联结就会被"固化"，从而使得青少年一坐在学习专区就产生要学习的心理预期与冲动，因此会更快进入较佳的学习状态，产生特有的心理反射。

同理，当休闲专区这一环境线索与休闲行为反复搭建联结后，时间久了，孩子一进入休闲专区，自然也能更快地进入休闲放松的状态，有利于他们精力的恢复。

但要谨记一点就是，学习专区只能用来学习，不可以在学习专区做学习之外的事；否则，会使得已形成的"暂时的神经联结"消退。

其实，我一直提倡的一个理念是，父母自己要求孩子做到的事，首先自己要成为一个践行者，孩子受到来自父母的影响，并不取决于父母是怎么说的，而是"父母是一个怎么样的人"以及"父母是怎么做的"。因此，我首先建议父母先在家里设定属于自己的工作专区和休闲专区来体会这一过程，以提升自己在家办公的效率。

## 构建远离诱惑的环境：怎么用才不影响学习

我们在第1章介绍了从"一心一意"到"三心二意"的手机多任务现象，只要手机在身边，我们就会忍不住在手机和当前的学习、工作任务上不断切换，从而大大降低学习效率，而且长期的手机多任务会让大脑皮层的与注意力相关的灰质变薄，使得人们在做现实世界的任务时更容易分心，注意力的时长会变短。

更可怕的是，第1章中的iPhone效应告诉我们，即使你没有多任务、没有使用手机，单纯的手机在你的视线范围内，都会对你的专注力及做事效率产生影响。

因此，为了减少手机中那么多诱人的钩子对青少年和我们自己的影响，让青少年和我们自己在学习或工作时变得更加专注、集中，最直接、最有效的方法是：

- 学习或工作时手机不能在视线范围内，成人要把手机静音或调成飞行模式；
- 引领孩子在学习或做作业时有意识地把手机等电子设备放在自己拿不到的地方；
- 严格禁止孩子在"学习专区"玩手机；
- 防止学习的场所成为上瘾的"触发因素"；
- 集中时间段用手机处理学习相关的问题；
- 集中使用网络搜索的功能，解决作业中的难题，集中处理网上作业等。

很多家长担忧青少年在这个时候会偷偷地刷短视频或玩小游戏，家长只需要回到自己身上体会下自己工作时是否会时不时拿起手机做些其他的，对青少年类似的行为就没有那么焦虑了。同时，以下两种方式也能较好地帮助父母解决这一问题。

其一，父母和孩子一起预估用手机做作业的时间长度。例如，几点前可以用手机完成这个部分，给他们一个相对固定的时间。即使他们有时会忍不住刷些小视频，也会因为这种时间上的紧迫感，而主动对自己的行为进行调整。

其二，有条件的父母可以给孩子配备一个专门用来学习和查阅资料的手机，手机上只装用来学习相关的 App，且在功能设置上进行限制。而休闲娱乐专门用另一台设备。时间久了孩子也会逐渐形成心理反射，拿起这个专用学习设备就会主动用来学习的。要达成这个目标，也需要前提条件，就是青少年对于手机的渴求已获得了基本的满足。否则，孩子也抵制不了手机休闲娱乐功能的诱惑。

## 上网量要搭配对应量的运动

很多家长有类似的烦恼：在规定手机使用时间到的时候，孩子很难做到马上停下来，就是被迫停了下来，心还会停留在手机里，很难让自己快速进入学习状态。

正如第 1 章有关手机上瘾的神经生理机制所阐述的那样，使用手机来进行娱乐时，会充分激活颞叶、枕叶和顶叶等掌管感知觉的脑区，并分泌大量的多巴胺，这也是青少年对手机等电子设备"欲罢不能"的核心要素，而掌握抑制和控制功能的前额叶此时不会被激活，处于缺血状态。所以，青少年在周末使用一段时间手机被迫停下来后，多巴胺的分泌也随之停止，他们的内心感受会很不适应，会产生很强烈的对使用手机的惯性渴求，很难立刻静下来写作业及复习功课。另外，写作业和复习功课总会遇到有难度的任务，这些有难度的任务会让人产生本能上的回避行为。而要加工思考、克服困难均需要调用大脑前额叶的功能。

那怎么才能解决这一问题呢？答案就在于需要搭配对应量的运动。因为运动可以促使神经系统分泌有助于对情绪产生积极效应的各种"胺"（如去甲肾上腺素），以及产生类似"吗啡"的化学物质"内啡肽"（具有减轻疼痛和产生愉悦体验的功能），可以降低青少年对使用手机的渴求感。

运动还可以增生与活化前额叶功能，加速输送能源及养分到体内细胞，让孩子在写作业和复习功课时精力更充沛，也可以更好地沉下心来，降低逃避行为，增加迎难而上的可能性，此外，上述神经递质以及内啡肽释放量的增加还能有效地提升青少年的情绪管理能力。

因此原则上，使用手机时间越长，对应的运动量也应成比例增加。例如，用手机 1 小时，需要运动 0.5~1 小时；用手机 3~4 小时，那么运动也需要 1~2 小时。

脱"瘾"而出：如何让孩子放下手机

## 睡觉前半小时不用手机

青少年阶段是身体和大脑前额叶发育的关键期，睡眠是促进生长发育以及精力恢复最好的神器。保证好的睡眠质量是孩子健康成长的基石。

褪黑素是脑松果体分泌的一种激素，具有明显的昼夜节律，它会根据周围光线的明暗变化做出反应。白天太阳中的大量的蓝光会令其分泌受抑制，晚上褪黑素分泌活跃，只要在黑暗环境中待上足够长的时间，身体就会分泌褪黑素，帮助入睡。

之所以睡前至少半小时不接触手机或其他电子产品，是因为其屏幕会发出较多像太阳一样的蓝光，会让我们的大脑误以为是白天，因此抑制褪黑素的分泌，让孩子难以入眠，从而影响其正常精力的恢复及身高发育。

## 手机使用遵循普雷马克原理

普雷马克原理是由心理学家大卫·普雷马克（David Premack）于1965年提出来的，该原理指用高频的活动去强化低频的活动。简单地说，用孩子喜欢干的事情作为一种强化手段，刺激孩子做出他们本身不喜欢却是父母希望他们做出的行为。例如，"先吃了你的蔬菜，然后你就可以吃甜点"是祖母对付孙子挑食常用的方法，所以又被称为祖母原则。

普雷马克原理的依据是 B. F. 斯金纳（B. F. Skinner）的操作条件反射原理，在他经典的小白鼠学习的实验中，笼子里的小白鼠偶然按压了杠杆，就有食物吃，于是小白鼠按压杠杆的频率随之增加，强化物（食物）总是伴随着行为反应之后（按压杠杆）出现，即如果一个操作行为发生后，接着呈现一个强化刺激，则这个操作行为发生的概率就会增加。

那么，如何将该原理应用在青少年的手机使用管理中呢？

一是必须先有积极行为（学习、洗碗、整理房间、吃蔬菜），后有孩子在意的强化物（玩手机、出去打球、看电视、吃甜点）。这种前后关系（如表 10-1 所示）不容颠倒。

表 10-1　　　　　　　　　　普雷马克原理示例

| 首先完成 | 然后可以 |
| --- | --- |
| 当日作业 | 玩手机 |
| 洗碗 | 出去打球 |
| 整理房间 | 看电视 |
| 吃蔬菜 | 吃甜点、零食 |

二是必须使孩子意识到手机使用（强化行为）与他用心学习行为之间的先后关系。例如，青少年为了玩手机，草草地做完作业后，就要玩手机，如果家长此时允许，则无意间强化了孩子做作业草率、不认真这一不良行为。因此，家长必须使青少年意识到，允许他玩手机是对他认真按时完成作业的一种奖励，而不是他随便就

可以想玩就能玩，或想玩多久就能玩多久的。

但是，我们会发现，有些家长在践行普雷马克原理时经常会失败，原因通常有以下两种。

第一，守不住规则。孩子一软磨硬泡，父母就妥协，如允许孩子先玩手机，然后做作业，这就本末倒置了，这样就不会起到教育孩子的作用。

第二，自身精力不够，对学习效果的检查、把关不够。家长平时要忙很多的事，自己本身的电量已经消耗得差不多了，因此对孩子作业完成的质量把控不严，无意间强化了他做作业草率、不认真这一不良行为。因此，家长要留些精力用来管孩子。

## 善用技术管好孩子用网

让很多家长很头痛的一件事，即只要孩子拿了手机，就控制不住自己，家里经常因为手机使用问题发生亲子冲突，按照说好的约定孩子执行起来是很难的。其实，家长们可以使用相关的技术手段作为管理孩子上网的辅助工具，或选用一些适合未成年人的服务模式和管理功能等，如青少年模式、麦苗守护App、阳光守护App，帮助管理孩子的用网时间。

# 第10章 手机健康、积极使用的路径

> 案例分析

## 这位爸爸假期是这样管孩子用手机的

我辅导的一名上初中的青少年,她的爸爸经过和她协商后,就用苹果手机里的自带系统管理其在假期的手机使用时间。白天孩子主要是学习、运动、看书或外出旅游。在完成当天计划的任务后,晚上 7:00—10:00 这个时间是她的专属手机使用时间,于是她的爸爸就在她的苹果手机屏幕时间设置里,设置只在这个时间点开通网络。

这位爸爸这样做有以下几个好处。

减少亲子冲突,不会发生约定的手机使用时间到了可孩子停不下来、父母去争夺等类似最为常见的亲子冲突情况。

把"学习时间"和"休闲时间"区分开来,而且每天的时间固定,容易形成前面我们介绍的条件反射效应。

手机使用时间给得够,是这个契约执行下去的关键。这名女孩子给我反馈说:"我刚开始觉得不习惯,但后来想想白天尽管不能使用手机,但晚上有三个小时使用时间,也觉得很满足了。而且我的确发现,只要我一拿起来手机就很难停下来,这样做能让我在学习时段专心学习,又满足了我娱乐休闲、接触我们这个时代的新鲜事物,我觉得挺好。"

## 制订 3+3 用机协议

最好在孩子开始使用手机时，通过召开家庭会议的方式，和孩子签订一份家庭用机协议。为使得这份协议可以有效执行下去，你可以采用下面的 3+3 模式。

第一个"3"代表三条制定准则。

- 准则一，家庭会议共同协商决定手机使用的总时间。往往家长与孩子所认为的恰当的手机使用时间是不同的，不同年龄阶段的孩子使用手机的时长也不同。孩子和家长都能接受的使用手机的时长一般是同年龄阶段孩子的平均使用时长。父母和孩子可以一起问问班级里 10 个以上的家庭，了解他们手机使用时长，以此作为参照标准。
- 准则二，使用用途多样化，最好是游戏、学习、社交及获得资讯等用途各占四分之一。这个可以满足多样化用网策略。
- 准则三，使用一定的网络技术工具，监管手机使用时间，并制定相应的奖惩措施。

第二个"3"代表三条注意事项。

- 睡前半小时不能用网。
- 学习时手机远离视线范围，集中玩，集中学，使用手机学习时，集中注意力，不要浏览无关的网页或使用无关应用软件。

## 第10章 手机健康、积极使用的路径

- 对照手机使用时间，搭配对应量的运动。

协议里如果加上约束家长合理使用手机的规则，孩子更能够接受，也有利于为孩子创造一个安全、健康的家庭用网环境。

第 11 章

# 如何面对手机过度使用

# 第11章 如何面对手机过度使用

前文我已经提到这本书的核心定位：（1）预防——把健康用网、促进青少年积极发展的养育理念以及具体做法向广大青少年的家长和老师们传递，预防手机过度使用和上瘾行为，以助力青少年身心健康的成长和发育；（2）干预——面对已经存在手机过度使用的青少年，家长和老师可以做些什么，帮助他们调整到"正常使用的范围"。本章就是针对第二个目标展开论述。

## 从容面对：心态调整三部曲

青少年手机过度使用就好像一个极其灵敏的"触发按钮"，极易触发父母的防御或压抑在心中的负面情绪。面对孩子的手机沉迷行为束手无策时，父母心中就会像打翻了五味瓶一样，失望、愤怒、绝望、委屈、恐惧、焦虑、愧疚等多种情绪一涌而上。此时，要做到淡定及更理性地解决问题其实是非常不容易的。父母在此时出现上述情绪也是合情合理的，情绪其实是一个信号，是根据外界所发生的事对自己的意义而做出的本能反应。

很多时候父母会带着上述复杂的情绪冲动地去管教孩子，往往容易发生激烈的亲子冲突，乃至家庭冲突。有些冲突对问题的解决有利，让大家都知道彼此的底线在哪里。然而很多失去理智的冲突，不仅不利于问题的解决，还会让问题变得更糟糕。

因此，更明智的选择是父母回到自己身上，先改变自我的内在状态。

- 看见情绪，并允许情绪的存在，和自己的内在做联结，去感受自己到底恐惧的是什么。
- 和自己待一会，可以暂时离开激发情绪的线索源，如离开家出去散散步，慢慢等着情绪过去。
- 寻求社会支持，找可以信任的朋友或家长诉说或表达。
- 进行自我关怀，如写日记、去按摩等，用一切你认为对你有用的办法进行自我关怀。

父母需要谨记一个原则，即有效果比有道理更重要。最为关键的是自己冷静下来，关怀自己，得到新的内在状态，从而让自己内在有能量来做出更有效的行动选择。因此，自我的心态调整应该放在行动前的第一位。

**心态调整的两个前提理念**

帮助孩子走出手机过度使用或手机沉迷是非常复杂的过程，在此过程中父母的心态也会随着孩子状态的好坏而跌宕起伏。青少年手机使用及个人行为状态，犹如父母心情晴雨表的遥控器一般，一触即发。然而，做个有稳稳抱持功能的父母，才会真正有利于孩子从他自己的困境中走出来。

而拥有一些适应性的核心自我信念是能够让自己心态稳定下来的关键。通过长期给家庭做咨询指导我发现，在父母面对孩子沉迷手机这一倍感头痛的问题又暂时未找到更好的解决办法时，下面的两条核心信念（我把它称为"前提理念"）能较好地帮助父母把心态稳定下来。

- 每个人当前的状态都是最佳的状态；
- 每个孩子都想变好，不能变好是因为受到了阻碍。

按照人本主义的理念，每个人都想变得更好，没有变得更好一定是有原因的，而过度使用手机、缺乏学习动力、学业成绩不理想的孩子也是一样的，都是因为发展遇到了瓶颈或阻碍。

首先，接纳现状。当前这种状态已是孩子能做出来的最好状态了。

其次，孩子肯定也想变好。他在内心深处一定在意自己的学业成绩及前途，一定是遇到了什么阻碍使得他暂时没能变得更好。

最后，在管孩子之前，父母要调整好自己的心态才能有效管理。

## 调整心态的三个步骤

怎样才能调整好自己的心态呢？通常分成下列三个步骤（如图 11–1 所示）。

接纳 ➡ 反思 ➡ 调控

图 11-1 调整心态的三个步骤

第一步，接纳。就如同前面所阐述的那样，父母既要接纳孩子的现有状态，也要接纳自己的现有状态。并试着用成长性的思维看待问题，坚定信念，只要不放弃，就一定会找到解决问题的办法。

第二步，反思。反思的过程也是元认知的过程，指对认知的认知，即对自己做事情的过程的觉察和反思，要不断地觉察并发现自己出现了哪些无效的、强迫性重复的、固定化的行为方式。例如，一看到孩子玩手机就想骂他，明知道没有用，却还是按照固有的方式进行，这就是自己固定化的行为方式。

第三步，调控。有时，我们的动机往往是好的，但结果却相反，这就需要我们调整自己的行为方式，不断地写践行日记，觉察自己解决问题的方式是否达到了想要的结果，有哪些好的做法、哪些做法需要改进，然后不断地调整，直到找到恰当的解决方法。

## 家长管孩子时感到失望或绝望该怎么办

我所接触的大量手机沉迷案例都有一个共同特点，即父母在帮助孩子走出手机沉迷的过程中会出现很多轮的反复，而且孩子成瘾程度越深，这个过程也越艰难。父母往往会发现，自己虽然学了一些方法和策略，但要用的时候却很难派上用场，根本达不到想要的效果。这个时候，父母就容易失望，甚至为此感到绝望，产生"管他呢，爱谁谁，爱咋咋地"的念头，从而不再做出努力，直接放弃。而这正是家庭的问题无法得到突破、无法把孩子从手机上瘾中引导出来以促进孩子爱上学习的关键阻碍点。

同时我也发现，这种绝望的情绪也是很多孩子在学习时遭遇挫折和困难时容易选择放弃，从而逃避到手机中寻求暂时快乐的原因所在。

那么，如何帮助他们坚持下去，跨越那堵墙和孩子一起通往学得懂、做得到的道路呢？

## 成长型思维 vs 固定型思维

我发现成长型思维理念的培养，能帮家长和孩子做到这点。

美国斯坦福大学行为心理学家卡罗尔·德韦克（Carol Dweck）教授在研究孩子是如何应对挑战和困难的过程中，有一个非常有意义的重大发现。她让一些10岁的小孩尝试解决一些对于他们而言稍稍偏难的问题，有一些孩子积极应对的方式让她感到很震惊。这些孩子会说"我喜欢挑战"或"你知道的，我不怕困难，我希望能有所获"，这些孩子明白，他们的能力是可以提升的。后来卡罗尔·德韦克把这类孩子归为拥有成长型思维模式的孩子，这类孩子往往享受努力的过程，当他们遇到困难的问题时也会展现出更持久的韧性。

而另一些孩子觉得面对这些难题是不幸的，宛如面对一场灾难，他们的才智受到了评判，他们失败了，他们不懂得享受学习的过程，而只盯住眼前的成败，这类孩子被归类为固定型思维模式的孩子。这些孩子后面的表现怎样呢？当他们得知这次考试结果不好时，下次考试可能会通过作弊的方式来提高成绩，或者是和其他考得更不好的同学比较，以寻求自我安慰。后续的研究陆续表明，他们会逃避困难。

**成长型思维的刻意练习**

事实上，我们的思维模式都是可以被改变的，即成长型思维是可以刻意培养的。以下是三种具体的练习方法。

### 第一，用"我暂时做不到"替代"我做不到"

在美国芝加哥的一所中学，那儿的学生毕业前要通过一系列的课程考试，如果某位学生的某一门课程考试没有通过，收到的成绩单上是"暂未通过"，代替常用的"不及格"。这真是一个令人称赞的做法，因为往往当我们拿到一纸成绩是"不及格"时，我们会想"我什么都不是，我什么都没有学到""我是个失败者"，此时很容易产生伤心、气馁等负性的情绪体验，不利于重新做出积极的行为选择。

可是，"暂未通过"却很神奇，会让我们觉得"我只是暂时没

第11章 如何面对手机过度使用

有达到,我在通往'合格'的路上,我有希望",会让我们的感受没有那么糟糕,没那么失望,暗示着我们只需要继续努力,逐步向前,就可以获得想要的结果,拥有美好的未来。

第二,建立"迎接挑战就可增长能力"的核心信念

在一项研究中,研究人员告诉实验组的青少年,每当走出自己的"舒适区",学习新知识,迎接"新挑战",大脑神经元就会生成新的更强的神经联结,大脑也因此会变得越来越聪明。

结果,与控制组相比,这些受过训练的实验组的学生,在经历一段时间有难度的数学题挑战后,成绩有了大幅度的提高。

第三,注重"过程"而非"结果"

卡罗尔·德韦克教授和来自华盛顿的游戏者合作,制作了一款奖励过程的数学游戏。在一般的游戏中,往往只是在成功解决问题后才能得到奖励。但这款游戏却不同,它鼓励学生大胆积极地尝试,迎接挑战,只要学生们在不断尝试各种策略并付出努力,在解决问题的过程中就可以获得奖励。结果发现,当孩子们在努力的过程中也会不断获得奖励时,他们就会越来越专注地投入,也就可以想到更多解决问题的策略,即使在遇到难题时,也会表现出更持久的韧性。

所以,在日常教育工作中要对孩子积极投入的过程进行积极关注。因为人们在遇到解决不了的难题或人生的挫折时,本能的第一步都是尝试着解决问题的,发现努力后仍看不到效果才会放弃。

257

实际上，在我接触的那么多在家长眼中不爱学习的孩子，其实都在乎成绩，都想学好，他们只是在努力后得不到想要的结果才放弃的。如果我们可以看到并欣赏他们努力寻找解决办法的过程，告诉他们"坚持就会有突破卡点的时候，要相信自己"，而不是仅在看到积极的结果时才夸奖"你真聪明""你很有天赋"或是一句抽象的"你真棒"。这样，孩子们才会对自己更有信心、更加努力、更容易成功。

在给青少年开的训练营中，我常给他们树立一个核心信念——没有失败，只有尝试。这对很多孩子很有作用，会直接影响他们解决难题的坚持度。

## 先给孩子把把脉

调整好了心态，拥有了成长型思维之后，接下来，父母还不能着急开始行动，要先给孩子把把脉，透过现象看实象，仔细评估手机过度使用的背后是什么。

### 需求受阻评估：手机沉迷的背后是什么

看到孩子沉迷手机，先别急着管，而要一停、二观、三诊断、四思考。

一停：停下来，先不要着急行动，让自己慢下来。

二观：观察孩子的行为表现，观察他用手机上网的目的；每日手机使用的时间长度、时间段以及孩子主要用手机来干什么（是玩游戏还是社交）；他想从中获得怎样的满足，观察影响他情绪起伏变化的因素。

三诊断：尽量保证客观地评估孩子目前对网络沉迷的程度。

四思考：父母需要问问自己以下几个问题。

- 孩子主要用手机来干什么？是玩游戏、社交，还是看漫画？
- 这些玩的内容究竟满足了孩子怎样的需求？
- 孩子在现实层面哪些方面发展受阻？是学业、同伴交往、与父母关系，还是与老师关系？
- 我在现实层面能做些什么才能真正帮助我的孩子？

借由以上问题，你就可以找到帮助孩子更有用的方法。

## 用"积极关注"取代"消极关注"

同时，父母还可以换一种思考方式，由关注"怎样才能消除手机使用过度"转变为关注"怎样才能帮助孩子顺利发展"。

美国哈佛大学著名的心理学教授南希·希尔（Nancy Hill），开展了一个广大家长朋友们都会感兴趣的研究主题——父母如何参与到子女的教育中才能让孩子考上一所理想的大学。她发现，要想帮助子女考上一所好大学，父母需要做以下几项工作。

## 学术社会化：这招对中学生最有用

学术社会化是指，父母向孩子传达他们的期望，以及学习对他们的价值和作用，将学习与未来的成功联系起来，培养青少年的抱负和目标，并为未来制订计划、做好准备。

其实这一方法我们的家长最会了，只是方式用错了，不仅没有收到好的效果，还会起反作用。

类似"你知不知道，如果你不好好学习，将来就会没饭吃，会去捡垃圾，不能得到你想要的东西"的说教是不是很耳熟？这种方式会激起孩子内在对学习及未来的恐惧，而起不到激活孩子学习内驱力的效果。

恰当的方式是：

爸爸妈妈相信你是一个很了不起的孩子（身份定位），未来一定会做一些对社会有贡献的事（精神层面：与世界的关系），在你喜欢的领域里找到你的成就感和存在的价值感（自我实现需求）。要实现这些我们现在需要做些什么？（启发式提问）

家长从身份定位、与世界的关系以及自我实现需求的角度去激活孩子的内在驱动力，搭建学习与美好未来的联系。然后，再用启发式提问，引发孩子思索自己的人生，落实到行动上。

## 父母和老师的情感关爱

前面我们介绍过，父母和老师对孩子的情感关爱是孩子能够听得进去我们的教导的前提。其实，情感关爱的功能不仅如此，还有如下功能：

- 增强孩子的自我效能感和对自己能力的信念，即"我能行"；
- 让孩子想去学习新知识，对世界产生好奇心，勇于探索；
- 发展出学习依恋（情感参与），爱上学；
- 有计划地参与学校活动（认知参与）；
- 保持专注（行为参与）；
- 更有可能考上理想大学。

**父母和老师的有效监督**

研究表明受到更多监督的青少年具有更高的成就水平。

父母和老师的有效监督，有助于孩子坚持完成学习任务（行为参与），更好地搭建与学校的关系，实现和发展抱负，最终为上理想的大学做好准备。

同时，只有孩子感受到父母的爱，也就是孩子感受到"心中住进了爱的人"，父母的管才有用。在父母情感关爱的前提下，父母对规则的执行对减少青少年抑郁、逃学、网瘾等问题行为更有效。情感关爱在孩子遭遇挫折的时候，是免受自卑折磨的保护伞。即使遇到挫折也不会气馁。对于老师也是一样。学生们只有感受到来自老师的情感关爱，才更愿意接受老师的监督。

**为孩子提供教育的"脚手架",提供自主性支持**

建构主义心理学家建议:父母应该寻找各种有效方法,在孩子遭遇困难时提供有效支持,目的是发展孩子独立解决问题的自主性,让他们有能力承担责任,从而增强他们的自我效能感和责任感。在孩子遭遇困难时,父母需要真正地陪伴孩子,找到解决问题的方法,激活孩子的内在驱动力,帮助其克服眼前的难关。

## 调整好关系:住进孩子的心里

"心中住进爱的人",即与重要他人的客体关系的搭建,是青少年拥有良好发展内在动力的关键。对很多手机过度使用甚至上瘾的孩子来说,一个根源性的问题是他们与重要客体关系的断裂,导致手机成了其唯一的"替代性依恋客体"。

我在给家长和老师们讲课的时候,通常会使用身体雕塑技术,来呈现重新搭建现实生活中重要客体关系的重要性。

**客体关系对人的重要性:有牢靠的情感纽带,才有活下去的可能性**

我们人类选择群居,为了让彼此有更多的机会相互协助,活下去,这也就注定了人的社会属性,这也是为什么我们都很在意人际关系的原因。人际关系直接影响到人身安全即"是否有更多的机会生存下去"。破坏性的人际关系之所以让人如此痛苦（如恋爱关系的断裂），是因为它直接对应的是人最原始的死亡焦虑——与人有关系我们才能安全地活下去。

我们每个人在妈妈肚子里的时候，会通过一根脐带与母体相连。这根脐带是保证胎儿活下去的营养输送纽带。

随着胎儿的出生，这根物理意义上的脐带被剪断，但心理象征意义的脐带——心理情感纽带，却仍然存在于我们每一个个体心中，并伴随我们一生。而在我们个体心里的这一根根与身边重要客体的心理情感纽带是否牢固与稳健，直接关系到我们内心深处的安全感，以及对原始生存焦虑的激活。

**关系的变化：你有没有得到过学习带来的红利**

有一次，我和刚刚考上我们当地最好的高中的学霸聊天，学霸下面的一番话引发了我的深思，是我们目前的评价体系和社会价值观中不得不承认的事实：

我发现学习带来的红利太多了，初一到初二这个阶段，经过我的个人努力，我的学习成绩实现了一个非常大的提升，周围的关系似乎都跟着变了。父母对我更信任了，基本不管我使用手机，只有我要求他们管时，他们才管，多给了我很多的自由，少了很多烦人的唠叨。老师也变了，初三有段时间我其实很多作业都没写，老师见到我还对我说"别让自己有太大压力"。同学看我也不同了，我的自我效能感也增强了很多，觉得学生时代，没有什么不是靠努力实现不了的。

除了有手机上瘾倾向的"985"名校的一些大学生之外，我所接到的个案当中，有的是存在手机过度使用倾向，有的是对手机使用着迷，有的是本身正常使用但家长认为过度了的青少年，但他们几乎都有一个共同特点，就是学习成绩本身中等偏下或成绩中等偏上，但父母认为不够理想。

对处在学生阶段的青少年来说，一般存在以下几种重要的关系（如图 11-2 所示）。

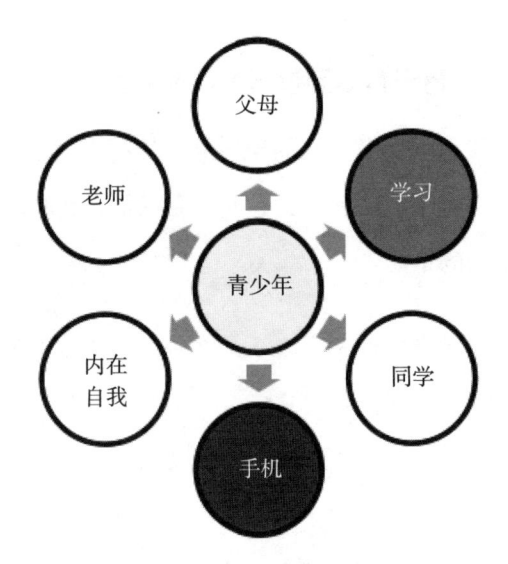

图 11-2 青少年的核心关系图

青少年与其他的一些重要的客体关系，往往都与学习的关系这条线存在千丝万缕的复杂关系。在当前如此单一的评价体系以及如此大的"内卷压力"背景下,当青少年与学习的关系这条线搭建得不好的时候,会引发其他关系的一步步破损与断裂。

下面,就对很多家庭及青少年来说可能会经历的过程加以探讨。

**与学习的糟糕关系**

有些青少年在小学阶段就可能存在一些问题,如有注意缺陷多动障碍倾向、不同程度的"学习困难"、未在小的时候养成好的学习习惯等,导致其学习投入度以及在学业过程中相关的学业行为表现不佳。他们在学习中感受到的"痛苦体验"要远远大于"愉悦体验",其对学业胜任的心理需求受阻导致其与学习关系这条纽带遭到破损。

**与老师的关系开始破损**

由此,这类孩子在上课听讲、课堂遵守纪律以及完成作业的认真程度等方面都可能存在问题,会让老师们感到头痛。老师为了维持纪律,以及为了教育他们,就会经常性地批评他们。当老师感到什么方法都用了仍解决不了问题时就会找家长。尽管老师的动机是好的,但孩子却很难理解老师的这份苦心,他的感受肯定不好。孩子长期挨批,在他心中与老师的关系这条情感纽带会遭到破损,尤其当他处在青春敏感期时。我就遇到因为老师当众批评学生,该学生和老师产生激烈冲突,之后不再去上学的例子。

我经常向中小学老师们宣传专栏 11-1 里的观点，告诉他们如果无法获得孩子父母的支持，宁可不给家长打这个电话，因为有可能问题会变得更糟糕。

---

**专栏 11-1**

## 当老师不得不和家长沟通孩子的不良行为问题时，怎么做才恰当

每位老师，尤其是当班主任的老师，都不可避免地遇到一些存在不良行为问题的学生，此时他们很希望家校互动，共同帮助这些孩子。但有时未必收到期望的效果，事情可能会变得更糟糕。下面的方法可以帮助遇到这类情况的老师。

第一，坚持一个原则——站位问题。让学生家长感到老师是和他以及他的孩子站在一起的，一起去面对问题、共同解决问题。

第二，降低家长的焦虑。在跟家长说孩子的问题前，先说孩子的优点，降低家长的焦虑水平，预防家长带着情绪回家训斥孩子，起不到教育的结果。

第三，提供一些共情性支持，可以先问问孩子家长有没有遇到什么管教孩子的困难。

第四，提供真正的脚手架支持，如提供一些可能的解决问题的办法。

### 与父母的关系开始破损

当家长遭到老师投诉,其内在的焦虑和恐惧就会被激活,家长和孩子在心理位置上往往是捆绑在一起的。有些内在心理功能分化不足的家长一听到老师说自己的孩子不好,就会不自觉加工为"自己不好""孩子没管教好"。此时,家长就会把这种不好感受的矛头指向孩子,如果方式和方法不正确,回到家对孩子的教育就变成了无效的情绪发泄,根本起不到真正的教育作用。而这种做法也会无形间进一步破坏孩子与老师的关系以及亲子关系。孩子与学习的关系也会变得雪上加霜,孩子觉得所有的痛苦都是"学习惹的祸",这和家长觉得孩子所有的问题都是"手机惹的祸"一样。

### 与自己的关系开始破损

在青少年成长的过程中,个体对自我的认知一般是与重要客体关系相处的时候所带来的感受内化的结果。个体的心理会存在置换的心理加工机制。如果家长经常在孩子自我感到崩溃的时候骂孩子,时间久了,在孩子的内心"你"和"我"就会发生置换。

例如,"你怎么这么差劲,你没救了,你将来完蛋了"就置换成"我怎么这么差劲,我没救了,我将来完蛋了"。

甚至有时,父母非语言信息投射出来的感觉,也会内射到孩子的内在自我的认知当中。因此,与自我的关系这条线也遭到了破损或断裂,并开始埋下低自尊、低自我价值感以及自卑的种子。

## 与同学的关系

当青少年处在低自尊、低自我价值感之中，以及感到自卑时，一方面，其自身的防御机制就使得他本能地把自己"包裹"起来，开始自我封闭，减少与同伴的交往；另一方面，当青少年认为自己不够好时，在与他人交往时会发生投射，在他的自我感觉里也会觉得其他同学"也认为自己不够好"，但实际上这并非其他同学的真实感受，是他加工出来的，但这种加工出来的感觉也会影响他与其他同学的交往关系。

青少年的内心深处一旦感知到，与其重要的客体关系（可以为他输送心理营养的情感纽带）都断裂时，他的感受就好像一个人孤独地待在原始大森林里，内心充满了恐慌和不安。

而此时，可以替代依恋客体、能满足其各种内在基本心理需求的手机自然就会变成他唯一可以依赖的关系，这样他才能活下去。

家长仅仅简单粗暴地拿走孩子的手机，他就会觉得像要了他的命一般，又独自一人待在了原始大森林里，此时极易做出冲动行为及自我破坏性行为。

越是沉迷手机的孩子，家长和老师越需要接纳他的现状，对他共情，重新搭建情感纽带。当他慢慢开始感受到"心中住进了懂他的、爱他的人"时，内在的小孩才能慢慢拥有抵御外在危险的力量和勇气，勇敢地站起来面对现实生活中的困难，在现实生活中寻找基本心理需求的满足。

## 第11章 如何面对手机过度使用

> **专栏 11-2**
>
> **当接到老师对孩子的"投诉"时,父母恰当的做法是什么**
>
> 接到老师的"投诉",此时父母有效的做法是:
>
> 1. 先处理自己的情绪,不要着急发火;
>
> 2. 了解情况,因有些时候老师看到的不一定就是事实的全部;
>
> 3. 让孩子在内心世界里感觉你和他是一起的,而不是站在对立面,让孩子感觉你是和他站在一起去面对问题、解决问题的;
>
> 4. 真实地表达自己的情感;
>
> 5. 和孩子一起承担责任。
>
> 谨记:让孩子感觉到你和老师不是站在他的对立面,你们是站在一起去面对和解决问题的,这就是前面讲的真正的脚手架支持;否则,你的说教不仅无效,反而会起反作用。

## 活出美好自我:成为青少年的抱持性客体

前面讲了,随着胎儿的出生,物理意义上的脐带被剪断,但心理象征意义的脐带——心理情感纽带却仍然存在于我们每一个个体心中，给我们输送着源源不断的心理营养。

同样，个体的年龄越小，独立生存的能力越弱，越会受到这根无形的"心理情感纽带"的影响，如果孩子所接触到的重要客体（养育者）本身活得不健康、活得不好，体内充满了"精神病毒"，那么也会通过这根无形的"心理情感纽带"传递给孩子。如果孩子所在的家庭功能不佳，有很多的动荡和冲突，这些"病毒"也会无形间令其幼小的心灵受到侵蚀。

老师作为青少年阶段的另外一个重要的客体关系，也具有同样的功能。

为此，我专门研发了一门课：开开心心活着——活出生命的美好。讲给诸多老师和家长听，重点要宣传的是老师和家长均需要先把目光从过多对孩子的关注上收回一部分到自己身上，选择对孩子们适当放手，追求自我想要追求的，不断持续学习和成长，活出自己生命的美好，让自己的心灵变得强大，不容易受到外在"病毒"的侵蚀与影响，成为孩子稳稳的抱持性客体。青少年生命力的种子自然地会发芽长大，并长成可喜的样子。

## 妈妈神光照护：孩子走出困境的关键

这些年我接到存在各类发展性问题的青少年的个案，我有个深刻的体会，这些处在困境的孩子能否转好的一个关键因素在于父母自身状态的转变。

其中最为重要的一点是，父母需要有一个相对稳定的心态和清晰的判断力，而不是一味地盲从。这样的父母才能为孩子提供抱持性客体的功能，才能成为第 4 章归属感培养介绍过的威尔弗雷德·比昂的容器理论中，可以把无法忍受的 α 元素转化为可以忍受的 β 元素的有功能的容器。孩子的症状自然也会减轻。

**足够的镜映：妈妈眼中的光芒**

想把过度使用手机的孩子从困境中拉出来，往往要以整个家庭作为一个工作单位，而不是仅仅对孩子进行工作。

我对深处沉迷手机青少年的父母开展咨询工作，常聚焦于以下两点。

- 陪伴他们和孩子出现症状所引发的焦虑、恐慌、无力感等情绪或情感相处，从而将这些难以忍受的情感体验转化为可以忍受的情感体验。
- 同时给他们带来可以改变的希望，也就是咨询师成为孩子父母的容器，使他们降低担心指数，增加自身容器容纳量。

这样，父母就会慢慢恢复"神光照护孩子"的能力，住进孩子心里，可以让"心理受到损伤"的孩子拥有内在力量，慢慢复原，走出困境。

自体心理学家科胡特把这种能力称作"足够的镜映"（这种能

力通俗称为"妈妈眼中的光芒")。他用下面这段话来描述:

孩子需要母亲眼中反映的光辉来维持自恋的力比多的充满……(Kohut, 1966);相反,如果目光暗淡必然神伤,母亲疏离、冰凉的目光将让一个孩子在空寥的宇宙之中永远找不到回家的归途。

孩子出现问题,也有可能是因为父母自身的状态、心态以及思想观念或父母之间的关系出现了问题。如果只是一味地抱怨孩子,会使孩子的症状越发严重。父母此时要做的是回到自己身上,调整自我状态,让孩子感受到被在意、被关注、被爱,想办法让孩子放心及安心,让孩子感受到"心中住进爱的人"。

我一个朋友的儿子上高二,有段时间特别反常,回到家总是闷闷不乐,把自己关在房间里玩手机,学习成绩也下滑了很多。父母问他是不是发生了什么,他一句话就怼了回来:"没什么,就是有什么,也不用你管。"

我朋友和他先生都是中学老师,他们一方面很希望孩子未来有出息,另一方面又很恐慌自己孩子考不上好大学,没有面子。

于是,他们一方面本能地给孩子说教:"你要好好学习,离高考很近了,你看你成绩下滑了那么多。"另一方面,他们就想办法控制他玩手机的时间。可是这么做不仅没有起到作用,孩子的状态反而更加恶化了。

无奈之下我的朋友求教于我。我说:"很显然,你的孩子有可能心里被什么事困扰着。你想啊,如果孩子回到家后精神是散的,心里有事，整个人就很疲惫，即使把自己关在屋里不看手机，学习也只是一个表面行为，而且此时你告诉他'你看你成绩下降了那么多，一定要抓紧努力才行'，你觉得他是听进去了还是更加烦躁不安？这是不是没有达到你想要帮他的目的呢？"

于是我给这位朋友开了个"处方"，让她回去照做试试，再反馈给我。

我把上述的原理告诉她，然后说："每周五是孩子一周回家一次的日子，这个时候你能做的就是把手机充好了电，煮好他爱吃的等着他，他一回来就说'儿子，手机充好电了，妈妈煮了你爱吃的，赶紧吃了饭，好好休息下，你有什么需要可以提前给妈妈说，我一会要出去散步，给你留些空间，不吵你，回来就好好休息'。其他的你别多问，孩子想说自然会说，不管孩子在外面发生了什么，只要在家感受到了支持和温暖，他就拥有了内在力量，就能够很好地缓解那些让他心烦的事，更好地渡过难关。此时你就做到了神光照护孩子。"

果然，一段时间后她联系了我，说孩子现在能主动和他们交流了，精神状态也越来越好了。学习也逐渐恢复了往常的状态。

## "神光照护"与应激和免疫系统的关系

那么，"神光照护"的能力为何如此重要，它和我们的应激及免疫系统有什么关联呢？

在《自体心理学的理论与实践》(*The Theory and Practice of*

*Self Psychology*）一书中，作者讲述了一位患上了胶原病叫诺曼的患者是如何利用支持性环境从严重疾病中康复起来的故事。诺曼的家人对诺曼的支持性的关爱以及诺曼自己对自己的支持性关爱，有效地激发了他自身的免疫系统，这个过程犹如"神光照护"，不仅让诺曼的身体，更重要的是让他的心灵多了活力。

## 用科研的思维让家长成为解决成瘾问题的专家

在研究如何预防青少年手机沉迷行为过程当中，虽然有一些规律性的部分，但我发现还存在着孩子与孩子、家庭与家庭的个体差异。有些时候，适合这个家庭的方法不一定适合另外一个家庭，适合这个孩子的方法不一定适合另一个孩子。

因此，我一直在思考，有没有一种解决问题的思维模式，可以让更多的家长可以自己沿用这样的模式来解决自己生活中的问题呢？那就是用科学研究的思维。家长可以按照以下三个步骤，逐渐成为解决孩子成瘾问题的专家。

步骤一，确定问题，即确定要解决的具体问题。

我们在科学研究的过程当中，第1步就是找到一个好的研究问题。同理，在教育的过程当中，家长需要确定解决怎样的问题。例如，有一位妈妈就是要解决怎样才能够避免和孩子在使用手机过程当中所产生的冲突。通常研究问题越小，研究才能越深入，因此你聚焦的问题越小、越具体越好。

步骤二，观察反思，即就收集到的围绕问题的相关资料进行观察反思。

家长可以用观察法来观察，或者可以觉察自己和孩子因为使用手机的问题所产生的冲突的具体过程。冲突往往是因为双方约定好了玩的时间（如玩半个小时后就不能再玩了），可是到了约定的时间，孩子却不干了，而这个时候家长也不干了，所以两个人就会产生言语或肢体上的冲突，而此时的家长又需要收集资料看看孩子为什么到了时间却不停下来。可能你会发现，是因为他和同伴打联网游戏，时间到了但是他们那一局没有玩完，这个时候掉线不太好。家长就会发现，也许之前的约定本身就不合理，约定时间的时候没有把这个因素考虑进去，那么下次约定时就要把这个问题考虑进去。

步骤三，践行，即制订新的计划，并执行下去看看结果是否符合预期。

当家长再次让孩子执行新的约定时，结果可能仍不像预期的那样，孩子还是不能很好地执行约定，双方还会发生亲子冲突。这个时候家长还要再观察一下，可能妈妈会发现爸爸给孩子制订的规则他会遵守，而妈妈给他制订的他是不会遵守的；此时，家长会再度觉察发现，原来孩子按照过往的经验告诉自己，妈妈这边的边界感不强，通常通过一哭二闹三上吊就能突破，可是爸爸却不同，他非常严厉，无论用怎样的方法爸爸都不会动摇他的规则。这时候家长就会觉察到，妈妈自己的边界感不强，需要加强自己的边界感，坚定不移地执行规则。

按照以上的步骤，家长还可以不断地再观察、再反思，再践行，还可以去和他人探讨这个过程，不断找到解决自己生活当中问题的方法。

确定问题—观察—反思—践行，再不断地去循环，这个过程非常有效。我相信，只要家长不断地去践行，一定会成为解决问题的专家的。

# 后 记

## 从知道到做到：贵在践行

我在书中介绍了非常多的策略及方法，来帮助父母及老师指导青少年走在健康发展、科学使用手机的路上。但其实从知道到做到是一件需要持续在路上的事。

先说说持续在路上，我永远记得我博士毕业时，我的博导华南师范大学心理学院的莫雷教授对我们说的话：

同学们，你们即将毕业迈向社会，你们未来的人生路要兼顾的事会很多，家庭、工作、学习成长、休闲娱乐等，我希望你们持续走在成长的路上。持续在路上的意思，并不是一直在路上，如果在某个阶段家庭成员需要你的大力支持，例如养育孩子、照顾老人等，这也是你人生的重要事项，忙完一个阶段后你还可以回到持续成长的路上，只要你坚持着，时不时地回到路上，尽你最大的人事，你会发现此生你会充满收获，抑或无怨无悔。至于有多大的成就，我们尽己可能顺应天命即可。

从知道到做到从而真正达成改变，需要一个漫长的循序渐进的螺旋式上升的过程。原因是我们固有的模式神经元回路异常固化，而新的行为模式需要在大脑中重新建构新的神经回路。

我在践行早起计划时就有一个深刻的感触，会发现刚开始早起异常痛苦，往往起来了没有间隔几分钟就又想躺床上去了，甚至逼着自己起来了，也没有办法那么快地进入"重要先行"的工作模式当中，尤其在践行的第一周，很容易第二天就起不来了。如果我们给自己和孩子的设定只有每次都做到才叫坚持，那么我们会经常体验到挫败感，这种挫败感才是让我们放弃原有改变计划的关键。

因此，我认为张萌所著的《人生效率手册》那本书中对坚持早起的界定就非常科学：21天中80%以上的时间做到了6:30前起床就叫成功坚持了早起，也就是21天中给了自己4天的机会，即使起不来也没有关系。因此我在第一个21天早起计划中，完成了17天6:30之前起床就代表了早起改变计划的成功，给自己预设奖品奖赏了自己，完成了强化，接着开始第二个21天，这本书的很多内容是在我的早起改变计划——这段最不受打扰的时光里完成的。

从知道到做到，很可能是"三天打鱼两天晒网"的过程，这才是真实的过程，但是只要打过"三天鱼"就代表这件事发生过，所有的发生都会是下一步的积累，就像遗忘曲线原理一样，你记完了单词发现很快忘记了，可是你再记这个单词的时候，要比第一次记所用的时间减少了,这个部分叫再学习的节省。那就请你不要认为没有用、坚持不了,而这就是个循序渐进的正常过程,请你"晒完两天网"后继续再打三天鱼试试。慢慢地,你就可以规律地打鱼了。

此外,关于这本书我们屡次提到,要帮助青少年践行书中提倡的原理及方法,首先需要父母或老师先回到自己身上,用书上的方法先在自己身上实践。这样做的好处是:第一,可以有助于自我的完善与成熟,我相信这本书上的很多内容可以帮助父母活出更好的自己;第二,可以深刻地体悟到所有的理论层面的陈述性知识(游泳的原理)要转化成程序性知识(真正会游泳)是需要一个反复在现实中实践的过程,这一过程并没有那么容易。因此,在我们告诉孩子该怎么做与孩子实际上是否做到之间形成一个合理的期待,我们能够逐渐做到等待和恰当提醒及陪伴。

最后,祝愿每位父母或老师带领你的孩子或学生一直行在路上……

北京阅想时代文化发展有限责任公司为中国人民大学出版社有限公司下属的商业新知事业部，致力于经管类优秀出版物（外版书为主）的策划及出版，主要涉及经济管理、金融、投资理财、心理学、成功励志、生活等出版领域，下设"阅想·商业""阅想·财富""阅想·新知""阅想·心理""阅想·生活"以及"阅想·人文"等多条产品线，致力于为国内商业人士提供涵盖先进、前沿的管理理念和思想的专业类图书和趋势类图书，同时也为满足商业人士的内心诉求，打造一系列提倡心理和生活健康的心理学图书和生活管理类图书。

### 《折翼的精灵：青少年自伤心理干预与预防》

- 一部被自伤青少年的家长和专业人士誉为"指路明灯"的指导书，正视和倾听孩子无声的呐喊，帮助他们彻底摆脱自伤的阴霾。
- 华中师大江光荣教授、清华大学刘丹教授、北京大学徐凯文教授、华中师大任志洪教授、中国社会工作联合会心理健康工作委员会常务理事张久祥、陕西省儿童心理学会会长周苏鹏倾情推荐。

### 《灯火之下：写给青少年抑郁症患者及家长的自救书》

- 以认知行为疗法、积极心理学等理论为基础，帮助青少年矫正对抑郁症的认知、学会正确调节自身情绪、能够正向面对消极事件或抑郁情绪。
- 12个自查小测试，尽早发现孩子的抑郁倾向。
- 25个自助小练习，帮助孩子迅速找到战胜抑郁症的有效方法。

## 《原生家庭：影响人一生的心理动力》

- 全面解析原生家庭的种种问题及其背后的成因，帮助读者学到更多"与自己和解"的智慧。
- 让我们自己和下一代能够拥有一个更加完美幸福的人生。
- 清华大学学生心理发展指导中心副主任刘丹、中国心理卫生协会家庭治疗学组组长陈向一、中国心理卫生协会精神分析专业委员会副主任委员曾奇峰、上海市精神卫生中心临床心理科主任医师陈珏联袂推荐。

## 《你好！少年：青春期成长自画像（第7版）》

- 青春期是过渡期、是转折期、是花样年华期、是"心理上断乳"的时期，更是人生发展的加速期！
- 16位花季少年的16个青春期真实故事，带你解锁青春期成长之谜，学会与青春期和解！

## 《未成年人违法犯罪（第10版）》

- 中国预防青少年犯罪研究会副会长、中国人民公安大学博士生导师李玫瑾教授作序推荐。
- 一部关于美国未成年人违法犯罪预防、少年司法实践和少年矫治的经典力作。
- 面对未成年人违法犯罪，我们只能未雨绸缪，借鉴国外司法和实践中的可取之处，尽可能地去帮助那些误入歧途迷失的孩子。

## 《妙趣横生的认知心理学》

- 这是一本通俗易懂且知识点较全面的认知心理学入门读物,作者深入浅出地剖析了人类认知加工的注意力、情绪力、记忆力和思考力,理论介绍和实操方法完美结合,为读者提升学习和工作效率提供了认知心理学的核心路径。
- 中国科学院心理研究所所长傅小兰、北京大学心理与认知科学学院教授苏彦捷、复旦大学心理学系教授张学新、北京大学心理与认知科学学院副教授陈立翰、中国指挥与控制学会认知专委会常委林思恩联合推荐。

## 《穿越迷茫:战胜成长焦虑》

- 写给将要踏入社会和初入社会的比较迷茫的年轻人的一本焦虑管理指南帮助他们:将焦虑转化为成长动力,顺利度过初入社会的迷茫期。
- 江苏省心理学会理事长,南京师范大学心理学院教授邓铸联袂推荐。
- 上海社科院社会学研究所二级研究员杨雄,北京师范大学心理学院教授、博士生导师陈会昌作序推荐。

## 《非暴力亲子沟通》

- 一本教你如何与孩子好好说话、和谐共处的自助书。
- 随书附赠《非暴力亲子沟通八周训练手册》。